[法]
瓦莱里·吉斯卡尔·德斯坦

著

Valéry Giscard d'Estaing

石露　　　　译

EUROPA

欧罗巴计划

La dernière chance de
l'Europe

欧 洲 拯 救 行 动

上海译文出版社

目录

为了欧洲携手并进

　　瓦莱里·吉斯卡尔·德斯坦与我第一次正式见面是在一九七二年的欧洲峰会上。记得当时我俩特意调换了座位，以便坐在一起小声交谈。两年的时光弹指而过，一九七四年，我们分别出任德国和法国的领导人。在随后的七年任期中，我们两人彼此信任，相互合作，结下了深厚的友谊。如今当我回首当初的岁月，深感那才是我政治生涯中最愉快的时光。不同国度的政治家之间建立起真正的友谊，已很难得，更为难得的是，我们个人之间的友谊居然为国家带来了政治层面上的丰硕果实。我深知，与瓦莱里的友谊可以说是我一生中难能可贵的财富。

欧洲的统一必须循序渐进、按部就班地进行。早在第二次世界大战的战火熄灭之后，法国伟大的欧洲统一倡导者让·莫奈先生就认识且大胆提出：要实现欧洲一体化，只能按部就班，不可一蹴而就。让·莫奈先生的远见卓识令瓦莱里·吉斯卡尔·德斯坦和我都深深折服。他的思想指引着我们的脚步，为实现欧洲一体化携手并进。

我们自始至终坚信，让德国永久性地融入欧洲是符合两国切身利益的大事。回顾二十世纪上半叶德国经历过的种种跌宕起伏，我国与诸多邻国之间有着犬牙交错的地缘政治关系，德国昨天与今天的命运都与法国、与欧洲一体化进程休戚相关。就法国而言，将邻国德国纳入欧洲一体化进程符合自身利益。德斯坦总统是第一个看清这一利害关系并致力于推动该进程的法国领导人。然而，要实现它谈何容易，假如没有法国的努力，一切终将化为泡影。

瓦莱里·吉斯卡尔·德斯坦是一位目光长远、才华出众的领导人。在他的推动下，欧洲一体化取得了重要进展。如果不是他尽力斡旋，那么欧洲理事会、欧洲议会直接选举等恐怕都难以实现。六国集团峰会也是由德斯坦总统发起才得以召开。

欧洲货币体系曾是我们共同面对的最棘手的事务。随着布雷顿森林体系的瓦解，汇率波动、金融投机等险象环生，如何更好地保护欧洲经济空间成为迫在眉睫的任务。在比利时政治家莱奥·廷德曼斯与卢森堡政治家皮埃尔·维尔纳完成的调研工作的基础上，我们有条不紊地为欧洲统一货币的诞生打下坚实的地基。

创立欧洲统一货币绝非一日之功。我们都坚信，只有通过缜密的筹划、建议，以及循序渐进的实施才可实现这一宏大目标。正因为如此，在数年之后的一九八六年，尽管当时我们二人都已不再肩负国家领导人的重任，却依旧致力于组建欧洲统一货币委员会，以便开展各项准备工作，迎接欧洲统一货币的到来。时光荏苒，到了一九九一年、一九九二年，终于在时任欧盟委员会主席雅克·德洛尔先生的大力促成之下，欧洲理事会决议推行统一货币。

半个多世纪以来，法德两国有识之士联手推动了欧洲一体化车轮滚滚向前。如果没有罗伯特·舒曼、让·莫奈、戴高乐将军与瓦莱里·吉斯卡尔·德斯坦总统等伟大政治家倾注心血与汗水，兢兢业业地努力，哪来今日的成就？自第二次世界大战以来，在德国的众多邻国之中，是法国第一个向我们抛出合作的橄榄枝。后来也是法国向我们伸出手臂实现了法德和解。由此看来，德国怎么能够不对法国心存感激？

欧洲一体化在人类历史上是前所未有的大事。得益于此，六十多年来，欧洲的众多国家免受战火摧残。然而这一进程远未完成。何以见得？今日欧盟及其各个组成机构难以有效应对居高不下的年轻人失业率，而且欧盟无力形成统一的移民政策，在国际舞台上，欧盟诸国对外居然不能以同一个声音发话，也不能以统一姿态处事，种种迹象，无不令人痛感欧洲一体化大业离成功仍遥远艰辛。

当今欧洲危机的迷局，必须通过法德共识、共事才能取得突破。若要两国紧密合作，仅凭些许象征性的团结姿态还远远不够。两国应当通过各类合作项目来展示合作的良好意愿，并取得实质性效果。近一个世纪以来，全球历经数次技术、经济以及人口变迁，时代的洪流推动欧洲各国走上愈加团结的道路。欧洲各国间如果没有紧密联合与艰苦卓绝的共同奋斗，那么欧洲将无力与世界其他国家一争高下。

瓦莱里·吉斯卡尔·德斯坦的这部大作直指欧洲当前迷局的深刻原因。正如他所言，我们所面对的不仅是欧元危机或是欧洲央行危机，而是欧盟几乎所有机构共同的难题！欧盟本该谨慎小心、按部就班地前行，但谨慎的美德被抛诸脑后，随之而来的后果——大家有目共睹——当下的欧盟举步维艰。一九九〇年以前，人们更多关注欧洲一体化的深度推进，随后才是扩大范围，然而在苏联解体以后，这一进程本应具备的稳妥谨慎、循序渐进的原则被忘得一干二净。

一九五七年《罗马条约》签署时，成员国的数量仅有六个。今天的欧盟坐拥二十八个成员国。成员国数量的猛增并没有伴随相应的机构与制度调整。每个新的成员国都被邀请加入欧元区，但是各国不同经济政策与金融政策之间的必要协调却并未得到保障。如今看来，《马斯特里赫特条约》的缺陷铸成大错，俨然成为欧洲一体化进程的累赘。

自阿姆斯特丹会议与尼斯会议失败以后，需要用一部《欧盟宪法》来挽救当前的局面，并取代种种纷繁复杂的条约。二〇〇一年时，有人做出了一个明智的选择——邀请老将德斯坦出马担任欧盟制宪筹备委员会主席，以力挽狂澜。在他的领导下，委员会于二〇〇三年夏天提出了一部对《欧盟宪法》的制定至关重要的文件。相比之下，之前欧盟十五个成员国的领导人都在这一问题上毫无建树。为了表彰其杰出贡献，二〇〇三年德斯坦先生在德国亚琛被授予国际卡尔奖。

遗憾的是，《欧盟宪法》搁浅与《马斯特里赫特条约》的缺陷都是不可逆的。和十年前相比，如今想要通过一纸条约引导欧盟接受新规范绝非易事。决策过程中缺乏决心，以及一味追求通过条约数量来规范欧盟，已经让欧洲公众身心疲惫。在很多欧盟国家当中，反对欧洲一体化的呼声越发高涨。

如果说大厦将倾，那么观望主义与不作为的态度都不是明智的选择。

想让欧盟走出当前的死胡同，就应当重启渐进式的一体化进程，只能依靠数量较少、齐头并进的小范围的几个成员国。要想避免欧盟制度崩溃，靠的是必要的改革，然而要落实这类改革却要经历漫长的辩论过程。我们不能对当前的各种紧迫问题视而不见：青年失业率居高不下、南欧国家经济低迷，必须尽快采取措施来应对！而且也必须尽快完善银行联盟。

　　写下这篇序言的时候，我已度过了人生的九十五个春秋。而我那为了欧洲一体化进程奋斗逾四十载的老友瓦莱里，在耄耋之年仍以如此睿智与活跃的方式为了欧盟的发展鞠躬尽瘁，我不能不对他表示深深的敬意。

　　他的大作为欧盟的未来勾画出宏伟的远景，同时也在高声呼唤我们回归理性，呼吁各国摒弃只顾一己私利的狭隘行为。

　　欧洲各国应该充分意识到欧洲一体化进程的战略意义，以及要实现它所需要的勇气与决心。

　　这样各国才能够合作，才能履行共同团结所带来的各项义务。

　　欧洲一体化只有通过携手并进才有可能取得最终的胜利。

赫尔穆特·施密特

士不可以不弘毅，任重而道远。

——《论语·泰伯》

引言

我们当下正处于欧亚大陆历史上第四次文明动荡的边缘。古希腊人在几千年前创立了民主制度，奠定了西方文明的基石；随后古罗马人又将其遗产发扬光大，在欧洲的广阔疆土上与地中海沿岸建立了语言、法律和经济上统一的大帝国。

随着古罗马帝国土崩瓦解，基督教重塑了欧洲的面貌，查理曼大帝便是这片土地上的第一位帝王。

遗憾的是，查理曼大帝的儿子们未能继承乃父遗志，反而将父亲一生辛勤经营的帝国争了个四分五裂，从此点燃欧洲大地上几个世纪的无尽烽烟。欧洲历史的战争长篇大戏直到一九四五年才终于落下了帷幕——千百年来的战争消耗了欧洲国家宝贵的有生力量。所幸在历史长河中，艺术家与知识分子创作的不朽作品跨越了不断变化的国界，形成了深深扎根于我们灵魂深处的独一无二、磅礴隽永的欧洲文化。

美利坚合众国的诞生带来了第二次文明动荡。仅用了两百年，美国便以全球第一大经济体与军事力量的面貌异军突起、傲视群雄。

二十世纪中叶，共产主义运动带来了第三次文明动荡：中国、苏联与东欧国家的近十五亿人口从此生活在共产主义阵营中。

今天我们正在经历第四次文明动荡。在全球化的大潮中，我们迈入全球性经济竞争时代。二十多亿横空出世的人口瞬间涌入了世界经济的大潮。不难想象，在不久的将来，二十年或是三十年后，世界的大权很可能落入亚洲国家之手。

欧洲，属于我们的欧洲，在这二十或三十年间，我们应当像当初的美国人那样团结起来，以便在大国的游戏中寻得自己的立足之地。

如果念念不忘昔日的战争遗留给我们的仇恨，如果执着于现代消费主义社会带来的自私自利，我们怎么可能实现一个宏伟的计划？如果不下决心建立一个强大的联盟，则无论是德国还是法国，或是任何一个欧洲国家都将无法与飞速崛起的中国和依然强大的美国分庭抗礼。我们会在经济上吃败仗、江河日下，并且还将不得不对他人俯首听命。

本书旨在提出一个务实的计划，让人们看到铸就"欧罗巴"的希望——亡羊补牢，为时未晚！

序言

　　从一九七四年到一九八一年的七年时间里，赫尔穆特·施密特和我有幸为了推动欧洲一体化而共事。前行的路线直接明了。目标就在前方不远处，如同林中空地上高耸的石柱那样清晰可见。

　　欧洲一体化思想的萌芽由来已久。在久远的过去，战争的烈火长久地灼烧着欧洲广袤的土地：十七世纪的三十年战争，十八世纪的七年之战，拿破仑对德国与奥地利的十年征伐，一八七〇年的法德战争，一九一四年至一九一八年血染山河的第一次世界大战，以及一九三九年到一九四五年在欧洲战场上演的毁灭性的、疯狂的第二次世界大战。

这一切虽都已化为过眼云烟，但战争的疯狂仍历历在目：赫尔穆特当年在德国国防军的防空部队中服役，一九四一年秋天，他曾跟随部队一路挥师东进直至莫斯科城下；而我本人则服役于法国第一军坦克团，随部队跨过莱茵河、穿越黑森林，直抵德瑞边境的康斯坦茨。当我经过弗罗伊登施塔特这座城市的时候，那里的战斗仍在继续——夜间我们留宿在当地人家里，这些家中只剩下满面泪痕的妇女，她们心惊胆战地将自己的女儿藏在地窖里，生怕士兵玷污了她们——因为残留的德国电台余孽散布消息说法国士兵就是这样穷凶极恶。

我们也亲身经历了宣布战争结束的时刻：前一秒钟仍是炮弹横飞、震耳欲聋，后一秒钟一切便归于不可思议的宁静；我们这些当兵的眨眼间变得无所事事；从集中营死里逃生或是被释放出来的瘦得皮包骨头的人穿着条纹睡衣如行尸走肉般游荡；被我们扫荡一空的房屋里渐渐又恢复了生机……

就在这看似和平的水面下，战争威胁的暗流仍在悄然流淌：苏联的军械弹药数量惊人，而美国则向地球另一端的日本丢下了原子弹。另一次世界大战会不会一触即发？

就在这人心惶惶的时刻，突然一个声音让我们看到了希望。

*

*　*

这个有节奏的、略带德国腔的声音不是来自别人，正是来自法兰西第四共和国政府外长罗伯特·舒曼。在战火停息不久的一九五〇年五月九日，在法国外交部的钟表大厅里，他向西欧各国的领导人发出了一个大胆，甚至看似荒唐的提议：实现煤钢资源的联合管理——这两种资源是一切军备计划的原材料。

各方反响不一：基督教民主联盟出身的德国总理阿登纳事先已经知晓了这一计划，在会上他立刻表示支持；意大利以及比利时、荷兰与卢森堡三国亦表示赞成。

英国并未立刻给出答复，并最终予以婉拒：英国支持该倡议，但并不准备参与。英国在北欧的伙伴国瑞典、丹麦和芬兰也纷纷效仿。

同一提议也向铁幕那一侧的东欧和中欧的国家发出，虽然像捷克斯洛伐克这样的国家表示赞同，但苏联的断然干预打碎了它们的美梦。

最终赞成舒曼计划的国家有六个——都和神圣罗马帝国多少有些因缘——于是它们就成为了创始国——时至今日，它们仍保持着创始国的色彩。

*

*　*

既然有了想法，就要想办法将它落实。让·莫奈先生一肩挑起了这个重任。

说起莫奈，他和罗伯特·舒曼真是一对神奇的组合。莫奈出身社会民主党，做事情极有规划，和宗教不怎么沾边。而一九七九年当我和赫尔穆特去蒙福尔拉莫里的教堂参加他的葬礼时，来自欧洲各国的黑色奔驰轿车浩浩荡荡载着吊唁的人们前来，以至于他的葬礼竟变成了一次规模宏大的弥撒。

罗伯特·舒曼出身中右翼基督教民主党派，是极为虔诚的天主教徒。

莫奈提议，以三角架构来取代传统的议会民主架构：由高级机构负责提出议案，理事会负责决策，代表大会负责讨论协商。尽管随着时间的推移其内容已发生改变，但这一架构时至今日仍是欧盟机构的核心。六个成员国政府接受了这一计划，欧洲煤钢共同体高级机构于一九五二年在位于鲁尔区与洛林盆地之间的卢森堡设立。

*

*　*

罗伯特·舒曼的文件里面的一句结语预示着未来的方向："通过实现基础产品的共同生产，以及通过建立一个由法、德以及其他成员国共同参与决策的高级权力机构，这一提议为建立欧洲联邦打下了第一个实实在在的基础——这样一个联邦对于维护和平而言是至关重要的。"所以说，欧洲煤钢共同体的建立绝非舒曼—莫奈计划的终点，而只是实现该计划的第一步。

巴黎九大的学生如果坐地铁来学校，当他们在王太子妃门这一站下车时，只要抬头观察，便可以看到在福煦大街和弗朗德兰林荫大道交会处的一座建筑上有一块白色大理石匾额，上面刻有如下字样：

欧洲共同体创始人让·莫奈先生

在一九五五到一九七五年间，

于此地创立并主持了欧洲合众国行动委员会的

工作。

这也是我和赫尔穆特第一次见面的地方。

委员会成员聚会的地点是一处面积很大的私家宅邸。整间屋子里只有零星的几件家具，角落里的一个会客室里摆了几把椅子供成员使用。当时的参会人员的组成已经体现出欧盟式气息。其中有荷兰秘书长、政治学专家与教授、几名改革派的工会运动家，还有几位政治家——大部分都是比利时人。在场的德国人中有一位非常年轻，他眼神敏锐，不停地抽烟。这就是赫尔穆特·施密特。我悄悄走了进去。菲里克斯·佳雅尔的一位助手把我介绍给大家。佳雅尔是委员会的核心分子，也是法国政坛一颗冉冉升起的新星。我在人群里认出当初我在法国国家行政学院时的讲师皮埃尔·乌里。隔着一片蓝色的烟幕，赫尔穆特·施密特和我眼光交会。我们相互自我介绍之后，没有聊什么，因为此时秘书长开始讲话。

一段长久的友谊就此诞生。

第一部分

直线前进与原地徘徊

第一章　直线

一九七四至一九九一年

一九七四年五月二十八日，十七点

从凯旋门参加仪式归来，吃过午餐，我端坐在总统办公室里。电话铃响起。这不是从前戴高乐将军办公的那间办公室，那一间位于整座建筑物的中央。我之前打过招呼："当初戴高乐将军当政时，每周就是在这里召见我的。如果我也公然使用这间办公室的话，是对戴高乐将军的不恭。所以我还是去角落里那间房间办公吧。"

电话在响。我拿起话筒，里面传来薇乐黛乐女士的声音——我还是财政部长的时候，她就已经是我的秘书了。如今她也跟随我入主爱丽舍宫，办公室就在隔壁。

"总统阁下，波恩那边打电话找您。是德国总理府，他们希望您和赫尔穆特·施密特总理通话。"

十几天以前，随着维利·勃兰特失势，赫尔穆特领导的社会民主党与自由民主党联手，在德国议会选举中获胜。此前赫尔穆特担任经济部长已有两年，我俩已经是老熟人了。欧洲和美国都经历了美元贬值和各国货币波动的货币震荡。

"好的，麻烦你给我接总理阁下。"嘀嗒一声，我听到了赫尔穆特低沉而清晰的嗓音。我们两个早就习惯了只用英语交谈，这样最直接快捷。

"瓦莱里，祝贺你出任新职务。我在电视上观看了就职仪式。风格很简洁，值得赞赏。步行去凯旋门这个主意可真不错。在场观礼的大批群众都在为你鼓掌。"

"赫尔穆特，那算不上大批群众，不过人倒也还不少。何况媒体并没有事先把（步行去凯旋门的）消息传出去。不好意思，其实应该我主动给你打电话的，但我想等回到爱丽舍宫再打。结果耽搁的时间比我预期的要长。我很乐意去波恩拜访你!"

"瓦莱里,是我该登门拜访你。你可是大总统,我不过是个总理而已……"

"这有什么区别!"

赫尔穆特在电话那端笑了,随后正色道:

"区别还是有的。我可以下周前去拜访,比如说周二,我们可以一起进工作晚餐。"

"好的,就我们两个人。必须推进欧洲的事情了!我们俩现在可是把握着一个大好的机会呀!"

一阵沉默,随后赫尔穆特说:

"对,确实是一个伟大的机遇!我也觉得这才是头等大事。"

*
* *

一九七四年十二月十日，爱丽舍宫大会客厅

欧洲共同体的八位政府首脑和欧盟委员会主席、英国人罗伊·詹金斯，还有我，都坐在爱丽舍宫大会客厅厚重的帝王式扶手椅当中。旁边同样风格的几把座椅上坐的是九位外交部长。尽管参会代表反复要求准许他们团队的成员也进来，但房间里并没有别的高级公务员。我援引此前成员国部长理事会的先例，不让任何公务员进来参会，不管他负责的是哪个领域。

就在前一天晚上，传统上称为"欧洲峰会"的会议召开。赫尔穆特和我决定提出一项建议。

我们俩并排坐着，背后是高大的窗户，窗外是花园，天寒地冻。侍者默不作声地给大家端上咖啡。柴火在壁炉里燃烧。

会议一上来我就提出了法德共同商定的计划。

"以后欧洲峰会将不再存在。取而代之的是各国元首和政府首脑之间的定期会面，我们称之为'欧洲理事

8

会'。每年在固定的日期召开三到四次理事会。"

委员会主席罗伊·詹金斯定期参加欧洲峰会，他似乎有些坐立不安。

"那就需要修改条约了。"他说。

赫尔穆特反驳道：

"这几年我们召开了多少次峰会，从来都没有修改过条约，大家也都没有反对。如今我们只不过是提议把这种做法常态化，加上划定几个固定的开会日期。这事一旦决定了，根本不需要什么条约。我觉得部长理事会把他们自己解决不了的问题像皮球一样踢回给了我们，这就逼得我们不得不开会！等我们修改条约的时候，再把这一堆烂摊子好好理一理吧。"

参会者毫无反应，只有比利时首相廷德曼斯要求，新成立的欧洲理事会一半的会议都该在布鲁塞尔，而不是在轮值主席国的首都召开。这一提议经表决通过。

欧洲各国政府首脑的定期会晤机制——欧洲理事
会——就这样诞生了。

它将成为把握欧洲共同体决策以及大方向的最高机构，
一九九二年的《马斯特里赫特条约》里也正是这样表述的。

*
* *

一九七七年三月，让·莫奈拜访爱丽舍宫

让·莫奈是总统府的常客。他想见我，好送给我一
本他刚出版的新书《回忆录》。

身穿黑色礼服、胸前挂着银链子的门卫把他带进我
的办公室。我从大椅子里站起身来迎了上去。他看上去
比前一阵子憔悴了些。

房间的角落里摆了几把椅子，我们双双落座，工作
人员端来咖啡。

让·莫奈的膝盖上放着他的新书，他评论着自己的这部新作。聊了很长一会儿之后，他把书递给我，起身离开。我回到办公桌后面的座位上。这时好像有人在轻轻敲门。我把门打开，惊讶地看到让·莫奈正在光线阴暗的走廊里站着。他望着我说：

"抱歉，我特意回来跟您说件重要的事情，刚才忘了说。"

我好奇地望着他。他要说什么？让·莫奈长了一张典型的法国富裕阶层的面孔，圆圆的，留着小胡子，轮廓精致。法国外省的乡绅照样可以当国际外交风云人物啊！我当时心里就是这样想的。因为刚出去又匆匆忙忙跑回来，所以他气喘吁吁。

"祝贺你们成功创立了欧洲理事会。这可是自《罗马条约》以来对欧洲而言最重要的一个决定！"

他顿了几秒钟，转身离去。

* * *

从那以后，欧洲一体化的进程无比顺畅，直到一些意想不到的事件打破了这份宁静——苏维埃解体——同时欧洲内部的领导人的无能也迫使一体化过程开始原地徘徊。

直线前进和原地徘徊的阶段总是交替出现。

一九七八年七月六日、七日　不莱梅

时任欧洲理事会轮值主席的赫尔穆特·施密特在不莱梅召开会议，目的是通过一项法德联合提出的"欧洲货币体系"。一九七八年四月七日和八日在哥本哈根召开的欧洲理事会上第一次提出了这一提议，但还需要正式采纳该提议才可以付诸实施。

我们精心筹备的这个计划有助于解决当下一个迫在

眉睫的问题。

二战末期，在盎格鲁-撒克逊国家的影响下，布雷顿森林体系得以确立。在该体系下，美元与黄金挂钩作为基准货币，其他货币以此为基础采用固定汇率。但布雷顿森林体系此时已经瓦解。一九七一年尼克松总统与蓬皮杜总统在亚速尔群岛会晤时宣布：由于美元贬值，该货币将不再与黄金绑定。于是布雷顿森林体系也就此瓦解。所有欧洲国家的货币顿时都开始出现波动。

时任德国联邦经济与财政部长的卡尔·席勒坚决主张德国马克自由波动。当时担任法国财政部长的我则主张实行可调整的固定汇率。一时间汇率的问题引得争论纷纷。而此时由于欧洲共同市场内部各国汇率的波动，内部贸易深受其害：德国马克升值，法国法郎与意大利里拉贬值。企业慌了神，不知该如何进行中期规划。大名鼎鼎的欧洲共同农业政策也遇到了麻烦：该政策规定欧洲内部农产品采用统一价格，随着欧洲各国货币浮动，这一政策难以实行，必须采取某种人为的调整，也就是所谓的"货币补偿"。

人们为了稳定欧洲货币汇率做了种种尝试。第一次尝试是一九七二年的"蛇形货币浮动"体系，该体系规定每种欧洲货币对美元的波动不能超过规定限度。该制度对那些强劲的货币并没有真正的约束力，却迫使那些低迷的货币不得不进行贬值以便遵守蛇形货币浮动的限度。于是德国马克持续升值，同时法郎与里拉持续贬值。这种制度让企业吃尽了苦头，欧洲统一市场也走在生死存亡的边缘。必须找到一种各方都能接受的解决办法——赫尔穆特和我自担任国家领导人起便致力于找到一个解决方案。

我们两个进行了很多次会面，有时只有我俩单独见面，有时则带着我们的顾问：时任法国央行行长的贝尔纳·克拉皮耶和德国总统府财经部门负责人霍斯特·舒曼。

一定要找到一种让蛇形体系两端的货币都需要遵守的限制：低迷的货币要采取措施进行升值，过于强劲的货币则要限制其升值幅度，这样两者才能都保持在蛇形体系内部。

一九七〇年皮埃尔·维尔纳的一份十分有趣的报告以及顾问们提供的研究表明：有必要建立一种新的货币团结，创立共同货币单位——未来欧元的雏形。

在一九七八年六月二十三日与赫尔穆特·施密特在汉堡的一次会面中，我们商讨了这一货币单位的内容。随后在七月召开了不莱梅欧洲理事会。

赫尔穆特选择了一座漂亮的豪宅作为会址——这房子可能是战后重建的，归不莱梅地区政府所有。包豪斯风格装点的客厅，灰色浅淡的光线从巨大的落地窗照进屋内。

赫尔穆特向各位参会人士介绍该举措的内容，大家默不作声，心里已做好了准备接纳这一提议。比利时首相廷德曼斯立刻表示赞成。出身英国工党的詹姆斯·卡拉汉提出了一些批评，但他表示：虽然英国不打算加入这一计划，但不会反对——这也正遵循了丘吉尔风格的一贯立场：英国会支持所有欧洲联盟的举措，但并不会参与。意大利政府首脑安德烈奥蒂像往常那样又提出意大利要享受某些特别待遇来限制货币浮动，不过也表示会支持该提议。荷兰和卢森堡都赞成。爱尔兰表示会签署该协议，没有步英国后尘。

欧洲共同体的九个成员国中有七个都赞成建立欧洲货币体系：六个创始国，还有爱尔兰。两个国家持保留态度：英国和丹麦。

会议即将结束时，有趣的一幕发生了。赫尔穆特提出了一个看似漫不经心的问题：

"协议里得给基准货币单位起个名字。叫什么名字好呢?"

会议室顿时议论纷纷,但没人提议。我举手发言:

"我觉得应该起个名副其实的称号:欧洲货币单位(European Currency Unit)。"

大家都吃了一惊。法国总统居然提出用英语名字!英国首相立刻表示赞同。赫尔穆特吃了一惊,他不明白我打的什么算盘。

倒是比利时首相廷德曼斯先反应了过来:

"这主意真不错,但实际应用中大家肯定是用缩写ECU,这不是法国中世纪时使用的货币的名字嘛!"

众人哄堂大笑。提议就这样通过了:未来欧洲货币的雏形、基准货币单位的名字就叫做 ECU。十几年后的《马斯特里赫特条约》中,欧洲记账单位还将延续使用这一名称。

后来赫尔穆特和我为了这件事情又碰了五次头，其中一次是一九七八年十一月二日在爱丽舍宫的工作午餐。那天在场的还有我们各自的两位顾问克拉皮耶和舒曼，以及总统府秘书长让·弗朗索瓦·彭塞和时任法国总理雷蒙·巴尔。通过这几次会面我们敲定了协议的细节，为十二月即将在布鲁塞尔召开的欧洲理事会做好准备。接下来只要让其他七个成员国采纳就行了。

一九七九年三月十三日

三月十二日和十三日在巴黎召开的欧洲理事会上，在解决了几个技术细节之后，欧洲货币体系终于通过。三月十三日交易市场开市的时候欧洲货币体系正式生效。英镑不在该体系当中，因为英国政府最终决定不加入欧洲货币体系。

最终九个成员国之中有八个都加入了该体系。体系中的货币相对于基准汇率上下浮动最大不超过 2.25％，这一官方基准已经预示着欧元的到来。几天以后的三月十九日，ECU取代了原有的欧洲记账单位。各方市场纷纷对新的欧洲共同体记账单位表示欢迎。新的时代到来了。

赫尔穆特和我都为协议准备了第二阶段：建立一个信贷机构，类似于一个属于欧洲的货币基金组织，以便帮助各国央行干预外汇市场——这就是欧洲央行的前身。

三月二十日下午，我们在电话里谈到外汇市场的反应。

"看起来还挺顺利的。"我说，"对美元汇率走势稳定，1美元对4.29法郎。"

"是啊。"赫尔穆特应道，"但还不够。要想巩固这个体系，要尽快开展下一步工作。"

"根据条约，最快也要等两年。那就是要等到一九八一年或一九八二年。但我们两个一九八一年的时候都要忙着选举。一九八二年会比较好。"

"那就一九八二年吧。"赫尔穆特说，"但不能再晚了！必须建立一个银行才能让这个体系良好运转，美国人就是这么干的。我们不能就此打住！有了共同货币，就必须协调各国经济发展，要不然这个系统挺不了多久！我们可不能重新回到蛇形体系中去。"

"没错，赫尔穆特。下一步既要从货币上入手，也要从经济上入手。到时候我们法国这边可是要花不少力气了。我们得做好准备，首先得解放价格。还得说服公众赞成这个行动。这个工作对你来说就比较棘手了，毕竟德国民众是不愿意放弃德国马克的。"

"所有人都反对放弃德国马克，因为马克取得了巨大的成功。无论是老百姓还是联邦银行、经济界或是媒体，都根本不愿意听到 ECU 这个词。我会努力让他们明白，要想向欧洲经济同盟迈进，必须改革货币。我们可以分分工。你继续负责项目的技术层面问题。我来劝说我的德国同胞放弃德国马克而选择 ECU。这事情肯定很棘手，但我计划下周就开始第一次和经济界的头面人士见面谈一谈。"

"加油吧，赫尔穆特。如果能成功，我们就又向欧洲经济同盟迈出了一大步！罗伯特·舒曼也会祝福我们的。Auf Wiedersehen[1]!"

"让·莫奈也会祝福我们的！Good bye[2]，瓦莱里!"

一九七九年六月十日

投票点前面排起了长长的队伍。无论是法国还是其他八国的选民都是第一次来投票选举他们的欧洲议会代表。欧洲议会取代了一九五七年《罗马条约》中规定的协商会议。

这个坎坷而漫长的历史进程花了二十多年的时间。

---

[1] 德文，再见。——译注
[2] 英文，再见。——译注

协商会议最初由各国议会的议员组成。但《罗马条约》规定："协商会议将在所有成员国通过相同程序，促成直接普选。理事会（由各成员国政府代表组成）以全票通过的方式进行表决。"

协商会议已改名为欧洲议会，出台过多项计划。戴高乐将军和随后的蓬皮杜总统之前都拒绝了其提案。到了一九七六年九月二十日的外长会议时，通过全民直接选举来选出欧洲议员（任期五年）的提议才最终被采纳。在条约执行过程中做出的这一规定，并不需要欧洲议会批准。但九个成员国政府还是决定由议会来表决。

这个问题对于法国而言比较复杂，因为主要党派在这个问题上出现了意见分歧。于是政府决定行使其权利。如果没有不信任案的话，该文件不需要国民议会或参议院投票就可以通过。鉴于这并非是一条法律，反对派议员无权申请宪法委员会裁决（我在一九七四年创立了宪法委员会）。气急败坏的反对派议员大呼小叫，声称该文件违宪。

这些反对派当中有些人并不值得尊重，他们伤害过自己国家的利益，但另一些人却是完全可敬的人物：米歇尔·德勃雷就是其中一员。一九五八年宪法的制定过程中，他做出了巨大的贡献，但之后他却陷入了偏执的民族主义，反对任何主权让步于欧洲一体化的决定——他疑心新成立的欧洲议会将过多侵犯成员国的主权权益。

我曾定下目标要将法国建设成一个强盛和平的民主国家。我打击了法国常见的各种操纵竞选的行为，也不愿欧盟选举的计划被诬陷为违宪。于是我决定：根据一九五八年宪法赋予总统的权力，于一九七六年十二月三日召开宪法委员会会议。

这一决定是有风险的，因为一旦委员会宣布该文本违宪，就会导致整个欧洲正在举行的欧洲议会议员普选不得不中断，因为该计划必须全票通过！

根据保密纪律，我没有去关注委员会的辩论。多年后的二〇一一年，当时的宪法委员会主席意外地宣布公开部分文件，直到那时我才明白当时的辩论有多么激烈凶险，真是千钧一发。

一九七六年十二月二十九日，宪法委员会开始就共和国总统提交的问题进行辩论：一九七六年九月二十日的这一国际承诺（即通过普选选举欧洲议会议员一事）是否存在违宪问题。

讨论上午十点开始，宪法委员会主席乔治·弗雷主持会议，出席的还有其他八位委员会成员。

首先发言的是弗朗索瓦·高古埃尔，弗雷主席要求他来做陈述报告。高古埃尔是司法界名声显赫的人物，是后戴高乐文化的信奉者。

他的报告充分体现出法律语言的精准。在报告中他分析了该问题的方方面面。将近中午一点钟的时候他结束了报告，并得出了以下结论："如果不对宪法进行修改，则该提议不可能合法通过。"简而言之，将该提议完全推翻，甚至宣称要通过提议就必须修宪！

中午一点钟，在一片嗡嗡的议论声中高古埃尔向委员会提议，否决该提议！

下午三点钟，会议继续。考斯特-弗洛莱先生要求发言，他所做的报告长达十页。在报告里他逐条反驳了高古埃尔的论点。

其后进入了讨论的环节，许多重要人物纷纷发言，其中包括前参议院议长莫奈维勒、前内政部长夏特耐以及戴高乐总统的重要心腹布鲁耶。

众人意见不一。最终委员会主席问出了决定性的问题：究竟该提议的内容是否违背法国宪法？

高古埃尔得到了四张支持票，包括委员会主席在内的四张票则反对他的观点。

委员会成员夏特耐先生弃权。

鉴于委员会主席的意见至关重要，违宪报告被否决。

高古埃尔看到自己的报告被否决，拒绝重新编写一份新的报告。于是大家一致决定由委员会主席来编写一份新的报告。

会议结束了，第二天也就是一九七六年十二月三十日下午两点，会议重启。

会议开始后，主席给大家每人发了一份论点经过加工的新文件，并最终做出了以下结论：

"欧洲共同体理事会一九七六年九月二十日决议，附件中的内容与宪法并不相悖。"

激烈的讨论一直持续到晚上七点。大家开始对主席的提案进行表决。

最后多数票通过，皮埃尔·夏特耐投了弃权票。

讨论内容很具体，全程都十分严谨。政府不曾介入或试图利用这一讨论。

靠着一票的优势，提议违宪的论点被否决了。如果当时讨论证明违宪的话，全欧洲的普选投票都会受阻。

*

*　　*

投票结果让我们对欧洲一体化的未来充满信心。投票参与度略高于60％。法国支持一体化深入的人数大大领先：西蒙娜·薇依领导的法兰西民主联盟得票率为27.61％，希拉克领导的保卫共和联盟得票率为16.31％。（希拉克发起的"戈珊号召"，批判法国所谓

"崇洋媚外的政党"，导致其党派支持率下降。）左派政党当中，亲欧的社会党得票率为23.73％，敌视欧洲一体化的法共得票率20.59％（虽然经济危机为其争得了支持率）。

德国的基督教民主联盟/基督教社会联盟深得选民支持，获得了四十二个席位，社民党获得了三十五个席位。

总体来看，由于英国工党倒台，欧洲民众倾向于支持右派政党。

一九七九年七月十七日

新成立的欧洲议会在斯特拉斯堡召开了第一次会议。议会共有四百一十名成员。议会召开的第一日用来选举议会主席。作为主席候选人的西蒙娜·薇依辞去了此前担任的法国社会事务与卫生部部长职务。在理论上占多数派的自由党和基督教民主联盟的支持下，她的当选应该不成问题，但是有人在背地里做手脚。她向爱丽舍宫发出了求救的信号。我决定给赫尔穆特打个电话。

"我打电话找你是想说说欧洲议会主席选举的事情。"

赫尔穆特打断我的话："我听说大家打算投西蒙娜·薇依的票。这是好事啊。反正现在让一个德国人来担任这样的职位还为时过早。"

"我也是这么想的。而且西蒙娜·薇依的当选会有很强的象征意义：首先，她是一名女性，其次，她很年轻的时候就被送去了奥斯威辛集中营，而且还死里逃生！她的当选可以让人们充分感受到法德之间的友好关系。问题是现在有人想给她捣乱，比如一些反欧的法国议员。你能想办法让你的人支持她吗？"

赫尔穆特在电话里大笑了起来。我能听出来他有点不高兴。

"你这个要求可不好办啊。我的人跟我一样都是社会民主党！他们支持的候选人是社会民主党人扎加里先生。在德国支持薇依女士的是基督教民主联盟，我总不能让我的人也去支持基督教民主联盟的候选人吧！"

"我知道。但我觉得这不是一个政治倾向问题，关键是象征意义！大家都没听说过扎加里，他获胜的机会本来就很渺茫！"

赫尔穆特说："我想想办法吧。我估计没什么大用，但有进展我会告诉你的。"

到了选举的最后关头，汇聚了保卫共和联盟议员以及各成员国反欧派议员的欧洲"民主进步小组"决定推举其领导人克里斯蒂安·德·拉玛莱纳为欧洲议会主席候选人。

该举动造成第一轮投票无结果。到了第二轮投票，随着克里斯蒂安的退出，西蒙娜·薇依才得以当选。某些后戴高乐派的议员并没有投她的票，但她得到了德国左派议员的支持。

大家认可了她的身份象征！欧盟民众对她十分欢迎，欧盟机构的声望也由此得以提高。

一九八一至一九八六年

选举这种事情向来是没有定数的，风向一转，赫尔穆特—瓦莱里组合就被拆散了。

第一个下台的是我，一九八一年的法国总统大选中我输给了弗朗索瓦·密特朗。几个月以后，德国外长汉斯·迪特里希·根舍领导的自由派脱离了原先和社会民主党的联盟，投入赫尔穆特·科尔领导的基督教民主联盟的怀抱。赫尔穆特·施密特的党派在联邦议会中失去了多数席位，于是他辞去了总理职位。

我被选民抛弃，赫尔穆特被议员抛弃，同是天涯沦落人。

新当选的领导人（特别是法国领导人）虽然将主要精力都放在内政上（所谓的社会变革、大企业国有化），但也明白至少得在表面上维持法德同盟的门面。

领导人交往的仪式照旧。密特朗甚至出人意料地去了德国联邦议会发表讲话，支持德国政府允许美国在德国领土上部署核武器以抵制苏联新型中程导弹 SS20 的威胁。政府的这种决定很难得到德国左派的支持。

法德之间的交往就这样继续着，但欧洲一体化建设却举步维艰。随着一九八一年到一九八三年之间法郎的三次连续贬值，欧盟货币体系的第二步骤仿佛已经被人们忘在脑后。

两个重要事件为欧盟的前程带来了新的希望：一九八五年，雅克·德洛尔就任欧盟委员会主席，他入职以后积极推动重启欧洲一体化；一九八六年，法国建立了左右派联合政府。

法国政府新财长爱德华·巴拉迪尔并不赞同欧盟统一货币。他表示赞同欧盟"统一"货币和各国本国货币并行的体制。而赫尔穆特和我经过快速调研之后认为，这样的并行体制不会有什么好处。它和欧盟统一货币的第一阶段没什么区别，而且各国货币之间存在的汇率问题还会持续。欧盟货币仍将呈现条块分割的状态：必须坚决推进统一货币！

眼看政府无所作为，一九八六年我们行动起来，建立了"欧盟统一货币委员会"。该委员会的组织形式和运作模式都参照让·莫奈提出的原则。每个参加货币同盟的国家派出两名成员参加该委员会,一人来自政府主要政党,另一人来自反对党。这些人都必须拥有货币政策方面的知识背景①。

一九八六年十二月十八日

委员会组成人员都异常杰出,所以在第一次会议上就向着欧盟货币一体化取得了进展。我们建立了工作组,规划了向政府部门、政界和财经界普及货币一体化知识的行动。

包括前英国首相詹姆斯·卡拉汉在内的一些成员持保留态度,但他们的杰出工作能力使得小组受益匪浅。

---

① 除了德斯坦和施密特两位联合主席以外,该委员会由 17 名成员组成:英国的詹姆斯·卡拉汉和 D. 豪厄尔,意大利的 R. 奥索拉和 M. 斯金贝尼,西班牙的 M. 博耶尔和 J. A. 桑切斯·艾西亚因,西德的 W. 居特和 M. 兰施泰因,法国的 P. 贝雷戈弗瓦和 R. 德·拉热尼耶尔,荷兰的 J. 泽尔斯特拉,比利时的 E. 达维尼翁,丹麦的 N. 蒂格松,波兰的 J. 席尔瓦·洛佩斯,希腊的 X. 佐洛塔斯,爱尔兰的 A. 奥赖利和卢森堡的 G. 托恩。——原注

33

意大利前外贸部长里纳尔多·奥索拉提出了很有建设性的建议。我们还获得了国际清算银行干事亚历山大·拉姆法西的支持，他被认为是全球货币问题头号专家。

在传统政府圈子之外，未来欧盟统一货币的技术工作就这样开展起来。

方案如下：建立一个集合各成员国央行的联邦式体系，建立一个新的机构——欧洲央行。欧洲央行不触及汇率问题，后者由各成员国管理。反之，作为欧盟货币的发行机构，该银行必须完全不受任何政权干扰，任何政府都不能干预其决策。德国和荷兰把央行独立性作为其接纳欧盟统一货币的前提条件。

这一体系和美联储体制有明显的相似之处。这一点也很正常，因为大家都试图解决一样的问题：在不同政体组成的广阔统一疆域中施行统一货币。政权不干预货币管理的原则也是一致的。

委员会成员指出该体系与美联储的一个重要不同点：

美国体制下存在国库这一政府机构以便管理美国各州公债，而欧盟国家不是通过未来欧洲央行的协调，而是由各国政府各自管理其债务。

美式体制的好处是可以在美联储和国库之间保持沟通，因为二者使用的是统一工具——美国国债。这样美国央行既是独立的又没有被完全孤立。而欧式体制则相反，由于各国继续各自管理债务，所以该体系可能较为脆弱。

委员会意识到了这个令人遗憾的问题。但它强调欧盟各成员国在经济政策上必须进行必要的协调，因为如果出现过度的或长期的政策分歧，可能对统一货币造成损害。

委员会在布鲁塞尔的瓦莱-杜切丝城堡开展工作，这一场所是比利时政府拨给委员会使用的。

经过十四个月的准备，我们已经可以总结出下一步要采取的措施，并制定出相应的报告。该报告首先应当呈交欧盟委员会，由我负责将其交给时任委员会主席的雅克·德洛尔。

我来到委员会的办公地点，以前我还从来没有来过这里。主席工作组的一名成员带我来到主席办公室坐落的楼层。在高楼巨大的落地窗前，放眼望去，阳光洒在布鲁塞尔重重叠叠的建筑屋顶上。

　　那天陪我等待的是德洛尔办公室主任、杰出的财政督察帕斯卡尔·拉米，他的面孔令我不由得想起一九八〇年我访问中国拉萨时见到的那些藏族僧侣的面孔。随后雅克·德洛尔热情地接待了我。我把报告递给他：

　　"这是欧盟统一货币委员会的工作成果。我们的成员花费了很多心血……"

　　德洛尔打断我的话：

　　"我知道，我一直关注着你们的工作。"

　　我说：

　　"关于未来货币同盟接下来的步骤怎么走，特别是关于欧洲央行扮演的角色，我们达成了一致。亚历山大·拉姆法西给我们提供了很多宝贵的协助。"

　　"我会仔细阅读您的报告，"德洛尔说，"我已经听说了，这份报告十分精彩。巧得很，我和欧盟委员会也正在思考欧洲一体化下一步该怎么走：货币同盟是一个很不错的选择。"

"但最近这个问题常常被忽略！"

我的反应令德洛尔有些不悦。

"我们一直在向着这个方向努力，只不过时机一直不成熟，而且我们还有别的问题要处理，比如《统一欧洲法案》的谈判。"

"总之这份报告就在这里。希望它能对你们有所帮助，能对欧洲有所帮助！"

报告就这样交到了他的手里。

*
*　*

第二天赫尔穆特给我打电话，询问我和雅克·德洛尔的会面情况。

"还不错。德洛尔很欢迎我们的报告。看来到目前为止，他们并没有把货币同盟作为工作重点，但他打算把这个问题纳入新规划当中，并和理事会商讨这个事情。我估计他已经明白，我们的委员会已经把准备工作做得差不多了。"

"那最好！"赫尔穆特应道，"我也打算去见他，这个事情要引起持续关注才行。"

一九八七年七月一日

一九八六年二月，《欧洲单一市场法案》签署，并于七月一日开始顺利实施。成员国承诺在一九九二年十二月三十一日以前形成内部无边界的同一空间，在这片区域里人员、物资和资本可以自由流通。但货币同盟计划仍然前途未卜。

次年六月二十八日，欧盟委员会在汉诺威开会，提出"通过采纳《欧洲单一市场法案》，各成员国确立了建立统一货币与经济同盟的目标",并决定开始研究创立该同盟所需的条件。

委员会将这一任务交给由德洛尔领导的专家组,即"德洛尔委员会"。其成员为十二个成员国的央行行长,并由三位专家提供协助,其中两位专家就来自我们的委员会——德洛尔委员会的任务就是提出实现欧盟统一货币所需采取的措施和步骤。

德洛尔委员会大量参照了我们委员会的工作成果,并于一九八九年四月提交了报告。六月份,欧洲理事会在马德里决定开启建立经济与货币同盟的进程,其中第一阶段始于一九九〇年七月一日。

虽然十年的光阴已经流逝,但货币同盟机制总算启动了!

这一时期也开启了新条约的谈判,在《罗马条约》

签署三十四年之后，人们期待一个新的条约来总结前一个阶段的成果，并规划欧盟下一阶段的蓝图。

在这期间，欧盟成员的数量增加到了十二个。新成员来自西欧。由于其政治制度带有独裁性质，与欧共体的民主原则背道而驰，所以此前这些国家一直未能加入。它们分别是希腊、葡萄牙和西班牙。

希腊加入的谈判过程最为艰难。包括德国在内的大部分成员国都认为接受希腊并不合适。大家都担心该国议会不够稳定，而且它的经济很脆弱。包括法国在内的支持希腊加入的国家并不否认希腊有这些缺点，但它们表示：希腊在历史上的民主化进程中发挥了不可估量的作用，至今在政治思想中来自希腊语的表达法仍占有相当高的地位；另一方面，希腊领导人卡拉曼利斯是一位信奉自由民主主义的杰出领袖，他也坚信有必要推动欧洲一体化的发展。如果拒绝希腊加入欧洲，则不仅会对这位政治家个人造成打击，也会影响到该国民主重建的进程。

　　经过激烈的讨论，支持希腊加入的国家占了上风。我和赫尔穆特通了很长时间电话。他不希望外界看到我们两国意见相悖。但从他的声音可以听出来，支持希腊入欧的论据并不能让他信服，他内心深处还是认为希腊入欧的决定不够谨慎，且不合时宜。

　　葡萄牙和西班牙的谈判遇到的困难不同。从历史和地理角度来看，这两者自始至终都是欧洲国家。所以它们的入欧谈判无非是关于贸易和财政问题：取消汇率壁垒与欧盟援助的金额。关于西班牙的出口问题，主要涉及农产品和食品。这些产品往往受到一些势力猖獗的压力集团的支持或保护，并且无论是在西班牙本土还是比利牛斯山的另一侧，都煽动起了政治情绪。因此谈判过程极度漫长，好在最终总算成功签署了协议。
　　一九八一年希腊加入，一九八六年西班牙和葡萄牙加入，成为欧共体成员，后者从此成为"十二国欧洲"。

正是这样一个欧洲即将开始讨论其前程。

筹备《马斯特里赫特条约》

欧洲所有人都认为有必要签署一份新的条约，但这样提议的人却各自打着自己的算盘。

有人希望欧盟的运转更加有序。自从《罗马条约》以来，某些条款遭到滥用，使得欧盟机构，特别是欧盟委员会的权力泛滥。这令经贸界苦不堪言，于是有些国家的政府希望欧盟机构的权力可以通过范围较为狭窄且更为具体的形式体现出来。一部新的条约有助于实现这一目标。

另一方面，自诞生之日起，欧盟机构就始终固执地想突出其作为欧洲"权力"机构的身份：欧盟委员会自认为是欧盟的"政府"，或者更具体地说，是期待人们最终认可自己的这种角色。而接替让·莫奈当初构想的协商会议的欧洲议会则期待能够发挥更加广泛的作用，不再仅仅作为"建议者"，而是作为和欧洲理事会并驾齐驱的"共同决策者"。正如同其他普选产生的政治代表大会那样，它觉得自己的权力受到了限制，并竭力争取有一天可以在新的欧洲建立代表大会制度。

主要创始国以及大部分成员国都认为应当进一步推进欧洲一体化进程，并且要实现这一点就应该迈上新的台阶。新条约将具体规定实现下一步融合的方式方法，并保证不偏离应该遵循的路径。英国及其盟友担心这些进展将会危及自身的主权，于是竭力反对欧盟在社会政策以及司法领域的权力扩张。

要想协调各方利益绝非易事，谈判举步维艰。不过最终一部了不起的条约还是诞生了：《欧盟条约》—— 一九九二年二月七日，欧共体十二国的元首与政府首脑在荷兰马斯特里赫特市通过了该条约，根据其诞生地人们将其命名为《马斯特里赫特条约》。

在欧盟问世的前五十年当中，它经历了三部条约，正是它们指明了欧洲一体化目标与前进的道路，即一九五七年的《罗马条约》，一九九二年的《马斯特里赫特条约》，以及二〇〇三年的《欧盟宪法条约》。

三者中只有《罗马条约》得以全面贯彻落实。

*
* *

《马斯特里赫特条约》包含一则根本性的论述，并在三个领域取得了进展。

《马斯特里赫特条约》（后简称《条约》）其实重申了《罗马条约》中的重要内容，即"为建立一个使欧洲人民更加紧密联系的同盟而迈上一个新的台阶"，除此之外还添加了新的目标，即"通过确立该同盟的公民身份来保护其成员国公民的权益"。

这两句话意味深长。只不过需要赋予它们实质性的内容。通过这几句话，欧洲各国的领导人其实是在向自身发出一个具有历史意义的召唤。

说到进展，其中有三项尤其值得关注。

首先是外交政策。J 条款提出："要建立共同的外交与安全政策。"《条约》第五部分的十一个条款中指出了要实现这些共同政策的协商以及决策原则。

第二项进展涉及联盟的运作以及权力范围。目标是要赋予联盟在社会政策以及司法方面的部分权力，以及规避全票通过原则——因为坚持全票通过的话，只要十二个成员国中的任意一个投了否决票，提议便无法通过。《条约》中的一些条款就此提出了改善的措施，但其效用十分有限。

由于英国坚决不肯让步，所以此次并没有能够取消全票通过原则，但是却带来了一个特别的解决办法：两部议定书。其中一部是由十二个成员国共同签署的——英国表示自己不反对其他十一个成员国沿着一九八九年社会宪章的道路前进，只不过英国不会参与相关的协商讨论，也不会参与欧盟委员会在上述领域提出的建议。英国没有参与第二部议定书的签订，其他十一个成员国签署了该议定书，并将沿着社会宪章指明的方向前行。该议定书还表示将会在越来越多的情况下使用有效多数原则（十一个成员国！）。虽然这次取得了一些有意义的进展，但整体来看收效并不明显，特别是在社会政策以及司法合作方面的进展并不显著。

第三项进展是三者之中毫无疑问最有新意的：将欧洲经济与货币同盟推进至最终阶段，并规定从一九九九年一月一日开始实行欧洲统一货币。

第二章　经济与货币同盟和直线进展的终结

一九八八年为经济与货币同盟所做的筹备工作以及一九九二年签署并认可的《马斯特里赫特条约》促成了欧洲统一货币的到来，起初这一货币被称为 ECU，后改称欧元。在一九九二年到一九九九年间经济与货币同盟得以逐步实现。

随着这一步骤的实现，欧洲一体化进程朝着明确目标直线前进的时代就此完结。接下来一体化步入了一个充满不确定性、迷茫曲折的发展阶段。尽管二十一世纪到来了，但与这一时代毫不相符的民族主义却有所抬头，公众对欧盟的热情也渐渐冷却。

经济与货币同盟体现了我们曾经领导的欧盟统一货

币委员会以及德洛尔委员会的工作精神。

在该体系内，欧洲央行领导各国央行，只由它负责发行货币。它还负责制定和实施货币政策。该机构的主要工作目标是维护价格稳定。

该体系管理严格独立：无论是欧洲央行还是各国央行都不听命于政府或任何其他机构。

欧洲央行由董事会领导，董事会由一名主席、一名副主席以及其他四位成员构成。人员任期八年，不可连任。

尽管英国与丹麦签署了《经济与货币同盟条约》，但并不打算参与货币同盟的最终阶段。所以最终接纳统一货币的国家只有十一个，而当时欧盟成员国数量为十五。六个创始国都是欧元区成员。

货币同盟的一个重要疏漏在日后将显现出灾难性的后果：各国自行监督其银行系统。众所周知，各国的银行系统都有可能由于缺乏谨慎或是投机行为而造成货币总量的增加。

除了货币同盟之外，还应当存在"经济同盟"。包括德国总理科尔在内的很多人都反复提到这一同盟。科尔本人也是坚定的欧洲一体化支持者。雅克·德洛尔等支持该体系的人表示：如果各国间没有适当、调和的经济政策，那么货币同盟就不会取得成功。面对着丝毫不肯让步、一心想要保留制定本国经济政策权力的政客以及议员们，他们只好不抱过高的期待。

最终人们还是决定让经济政策的制定权保留在各国政府手中，但必须严格遵守某些规定。然而这些规定并未得以遵守，为当前欧洲危机的爆发埋下了伏笔。

这些规定包括：

每年由欧洲理事会来确定经济政策的大方向，且各个成员国应当"避免过度的公共赤字"（《马斯特里赫特条约》第 104 条 C1 款）。欧盟委员会"监督各国预算进展以及公共债务的数额"（第 104 条 C2 款）。公共赤字、公共债务与国内生产总值的比例不应当超过条约规定的参考数值：赤字不超过 3％，债务不超过 60％。

如果欧盟委员会发现上述数值超标，则会发出警告，甚至对违规国家进行罚款。

这些内容构成"稳定契约"，欧元区的十一个成员国都应当遵守。

欧盟各个成员国按照本国规定程序认可了《马斯特里赫特条约》。时任法国总统的密特朗决定以全民公投的方式来进行表决。尽管当时政府的支持率并不高，但在当时在野党部分人员的支持之下，公投最终还是取得了积极的结果。我本人当时是在野党成员，我们都认为一体化进程的重要性显然高于政党之间的派系斗争。

也就是在此刻，欧洲一体化的直线前进时代终结了。

一直到目前为止，未来还是可以预见的：不久后统一货币即将实行；"稳定契约"也向着高效的经济协调的方向迈进；欧洲的民众渐渐开始意识到自己的欧洲公民身份；欧盟机构内部的政治活动也愈发民主。

但风向发生了转变，这一体系经受了考验。直线前进被迂回曲折的路线所代替。订立的目标有时候很模糊，甚至自相矛盾。风向的转变有几种原因：随着苏联解体，历史的洪流转变了方向；借鉴于美国的银行模式对财政与投机完全放任自流；政界缺乏有力的领导人，而且对欧洲一体化失去了信心，这一时期的领导人只着眼于短期当下的利益，以获取老百姓的支持；很多政界领导人都把欧盟当做替罪羊；除此以外，成员国数量的增多也是个问题，原本适用于六个创始国的很多机制不能适应成员数量增多的需要。

在此并不是要深究这些风向的转变，而是要分析它们是如何打扰了，或至少是暂时打扰了欧洲一体化的进程。我们应当思考如何找到一条能继续推进，乃至有一天得以完成一体化的新路径。

第三章　曲折徘徊的欧洲

一九八九年十一月，一场大地震撼动了整个欧洲。当初苏联为了分割东德与西德而修建的柏林墙轰然倒塌。两年的时间里，德意志联邦共和国实现了统一，总人口达到近八千万人。

没有人预感到这一重大事件的到来：一九七〇年代，当我对赫尔穆特说起两德统一，他轻描淡写地说：

"总有一天会统一的，只不过我活着是看不到那一天了。"

所幸赫尔穆特依然健在，而今天两德统一也已经过去了二十年！

阿登纳总理在最早的条约中就着意指出：条约内容适用于全德。所以也就不需要签署新的条约，只需修改个别数据，比如德国需要选出的欧洲议员人数等就够了。

德国依然是欧盟的一部分——但它所占的比重增加了，因为从人口和经济实力来看，它都增长了近15％。

铁幕已然落下，铁幕另一边的国家表达出加入欧盟的愿望。

从一九九二年起，欧盟开始分批扩大。英国当初拒绝参加《罗马条约》时曾提出建立"自由贸易区"，而该贸易区的最后几个成员国在一九九五年率先加入了欧盟。这三个国家分别是瑞典、芬兰和奥地利。它们并非因为热衷于欧洲一体化而加入我们，而是因为它们觉得加入欧盟的好处比不加入要大！评论员曾经不无讽刺地指出：它们加入是出于生意人的考虑。比如说，三国当中最大的瑞典，在加入欧盟伊始便表示要援引条约中的"特例"，不采用欧元。欧盟于是从十二个成员国扩大到十五个成员国。

与此同时，欧盟也在与铁幕另一侧那些摆脱了苏联影响的国家进行入欧谈判。后者都期待能早日加入欧盟。它们认为加入北大西洋公约组织可以保护自己不再受苏维埃的影响，而加入欧盟则可以为它们带来额外的资源，以便振兴当初在苏联统治下一蹶不振的经济。

这一阶段的入欧谈判有些奇怪。根据条约规定，应该由欧洲理事会全票通过来开启入欧谈判，谈判结果经理事会全票通过才可以生效。但具体负责谈判事宜、处理细节的是欧盟委员会。这样的架构来自《罗马条约》，这就意味着委员会是一个均衡一致、采取统一行动的机构。然而一九九五年时，委员会成员的数量已经达到二十个，委员会杰出的领导人雅克·德洛尔也于当年卸任，该机构的行动失去了原有的一致性。委员会把入欧谈判的工作交由德国委员君特·费尔霍伊根负责。

虽然罗伯特·舒曼在声明中曾提出"为欧洲联盟奠定初步的扎实基础",而且《马斯特里赫特条约》中也指出要"在欧洲各国人民之间建立愈加紧密的同盟",但费尔霍伊根忽略了入欧这一行为本身的重大政治意义。谈判过程中他自始至终都固执地拒绝让候选国认识到入欧的政治影响。谈判主要着眼于入欧的贸易规定,以及一旦入欧成功,可以获得的援助资金数目,这无疑是十分可鄙的。

然而这样的谈判倒也十分符合候选国家领导人的口味,只有波兰除外。波兰长期生活在苏维埃的影响之下,加上其本国的某些领导人也曾扮演过很不光彩的角色,所以他们希望用夸张地表达自己的入欧愿望来洗刷自己的过去。不过波兰并不想在摆脱了苏联的影响之后,又要对欧盟俯首听命。

候选国的民众态度很真诚。他们意识到入欧以后,自己的国家在经济、社会等各方面都会取得巨大进步，于是梦想着可以投入西欧甜美的怀抱。

有的欧盟成员国领导人支持候选国不分国情、不分大小、一律"平等地"赶紧加入欧盟。候选国本来应当进行相应的重要改革，以确保入欧之后可以更好地融入该体系，但这些改革并没有得到充分的监督落实。成员国某些领导人的态度也造成了混乱。

时任英国首相的玛格丽特·撒切尔夫人在访问东欧诸国首都时，曾在民众面前表示："要努力争取让所有候选国在二〇〇〇年成功加入欧盟！"她向来是反对一切欧洲一体化进展的，所以她在东欧诸国的所作所为表明，她坚信大规模快速地一味搞欧盟扩大（如果需要的话甚至可以让土耳其加入），对于那些梦想实现欧洲一体化的人而言将是一个巨大的障碍！

另一方面，法国总统希拉克也支持候选国在二〇〇〇年加入欧盟，但他心里打的则是另一个算盘：这样做可以在今后扩大了的欧盟内部为法国拉到更多支持者。

关于欧元，各方态度举棋不定。一九九六年时任法国外长的埃尔韦·德·沙雷特曾邀我赴外交部共进晚宴。席间他表示，德国总理科尔反对将德国马克换成ECU，并且试图避免放弃马克。"这是块烫手的山芋，"他笑着说，"要赶紧把这个皮球踢给别人。"

二〇〇一年二月二十六日，《尼斯条约》在一片混乱中通过。在轮值主席国法国的主持之下，欧洲理事会会议按常规召开。当时法国的政治局势有些微妙：后戴高乐派的总统对欧洲一体化并不热衷，而出身社会党的总理若斯潘则又不直接参与讨论。那次讨论的主题是与欧盟扩大相配套的行政以及财政举措，不过谈判却渐渐转向了另一个方向：两德统一之后德国获得了新的权益，包括欧洲议员人数以及表决票数都有所增加，法国总统对此提出了抗议。希拉克总统要求维持当初的法德之间的均衡。德国总理施罗德则回应道，两德统一是不争的事实，两德统一后人口的增长也是不可忽视的事实！谈判局势十分紧张，大家甚至担心理事会要不欢而散，新成员的加入将因此延后，各方利益集团为此闹得不可开交。

最终达成了妥协，通过了《尼斯条约》——虽然这个条约的名字本身无可争议，但它其实是欧盟条约当中最不尽如人意的一个。

欧盟全盘接纳了所有候选国，却并没有就入欧所需采取的改革而做出任何决定。各成员国都有一个特派员。为了限制特派员数量，人口数量最大的德、法、英、意、西五国从此不再拥有第二名特派员（之前的条约规定它们可拥有两名特派员）。投票规则以及否决权并未发生改变，因此导致出现很多僵局。欧盟成员国扩大到二十七国后，欧洲议会议员人数达到七百三十二人，其权利也并未调整。

简而言之，这次欧盟扩大化重量不重质，既没有进行改革，也没有形成一体化实质进展，使得欧盟更难取得新的成就。

*

* *

一九九九年一月一日货币同盟迈入了第三个阶段。欧洲货币机构为欧洲央行所取代。二〇〇二年一月一日，所有本国货币都兑换成欧元纸币和硬币。在负责货币转换问题的法国专员伊夫-蒂博·德·西里吉先生的精心筹措之下，这一人类货币发展史上前所未有的大规模行动得以顺利进行。

这一巨大的成功使人们忘却了《尼斯条约》给欧盟带来的困难。

第四章　试图力挽狂澜

欧盟制宪筹备委员会

尼斯会议的苦涩让众人意识到：扩大后的欧盟将难以有效运转，必须进行改革。时任欧洲理事会轮值主席的比利时首相伏思达召集了一些重要人士在布鲁塞尔附近的小城拉肯召开小组会议，共商大计。其中包括意大利前总理朱利亚诺·阿玛托和葡萄牙欧盟特派员安东尼奥·维托里诺。会上起草的这份文件——用蒙田的话来说"十分有益且充满理性"——即人们所说的《拉肯宣言》。

该文件呼吁建立更加民主、高效与透明的欧盟。

接下来就需要落实该宣言。如何才能让包括成员国政府和议会、欧洲议会和欧盟委员会代表在内的所有利益相关方形成一股合力？

或许可以仿效当年在美国费城召开的制宪会议，成立欧盟制宪筹备委员会。该想法在二○○一年十二月十五日的欧洲理事会上被采纳。

德国总理施罗德坚持要求由我来担任欧盟制宪筹备委员会主席一职，该提议得到了除希腊总理康斯坦丁·西米蒂斯之外的其他理事会成员的一致赞成——当初是我全力支持希腊入欧，如今他却毫不领情，真该颁发给他一个忘恩负义金棕榈奖！

两位副主席——意大利前总理朱利亚诺·阿玛托和比利时前首相让-吕克·德阿纳——协助主席开展工作。由十二人组成的主席团与主席及两位副主席共同筹备即将召开的全会讨论内容，并拟出最终文本的草案。届时将由欧盟制宪筹备委员会成员来讨论和投票。

欧盟制宪筹备委员会除了主席和副主席外总共有一百零二名成员，分别为：十五个成员国政府代表，十六位欧洲议会议员，三十位成员国议会议员以及两位欧盟委员会成员。各候选国也根据相同条件派出代表。

为了确保欧盟制宪筹备委员会体现欧盟精神，主席做出了巧妙的安排：在欧洲议会提供的会议室里，各位成员的座位排列既不是根据国别，也不是根据党派，而是简简单单按照字母顺序，于是就出现了很有趣的现象，比如出身极右派的意大利代表菲尼被安排坐在曾代表极左派势力的德国外长约什卡·费舍尔身边。如果说在二〇〇二年春天的最初几次会议当中，欧盟制宪筹备委员会还好像由很多个体组成，那么到了二〇〇二年秋天和二〇〇三年冬天，它已经呈现出一种新的身份认同感，大家开始做出集体的反应。一个真正意义上的制宪会议诞生了。

我有幸在二〇〇二年一月任命约翰·科尔爵士担任欧盟制宪筹备委员会秘书长——彼时他刚刚从英国最高级别的外交官职位退下来。欧盟制宪筹备委员会的工作得以顺利开展也得益于他的卓越贡献。

经过二十六次全会、一千八百次发言以及委员会①的大量工作之后，欧盟制宪筹备委员会着手编写总结文件。该文件从表面上看似乎多少超越了作为《欧盟宪法条约草案》的职能范围。其篇幅较为简短，包含五十九个条款，文字通俗易懂。法兰西学院对该文献的法语版本进行了审阅并对文字加以润色。

现存条约内容经过重新调整和整合，呈现《宪法》单一文本的形式，共分为三部分：对机构框架的规定；欧盟的政策和行动；税务条款以及法律连续性。

该草案经过欧盟制宪筹备委员会成员投票，在二〇〇三年六月十三日以一百零五票总票数中的九十八票通过。投票结果宣布时在场的人情绪都非常激动。大家纷纷起身热烈鼓掌，掌声经久不息，仿佛在座的每个人都

---

① 2002年5月8日创立的工作小组，包括"辅从性原则"、"基本权利宪章"、"欧盟法人"、"国家议会"、"补充管辖权"、"经济管理"。2002年7月12日创立的工作小组，包括"外部行动"、"防御"、"立法程序和文书简化"、"自由、安全、正义"、"社会欧洲"。——原注

70

期待用掌声来伴随这份文件在欧盟的蓝天下翱翔。

该文本中创新的内容体现在如下几个方面：首先，将欧盟定义为"由成员国为了实现共同目标，而赋予其相应权利的国家的同盟"，这样便可以结束联邦主义者和反联邦主义者之间无休无止的争论。该同盟以共同体的形式，即联邦的形式行使各项权力。

此外，创新还体现在该草案赋予了欧盟法人身份，堪称是一份欧盟出生证明！身份得到认可的欧盟成为了国际法意义上的存在。

该草案还提出任命欧洲理事会常任主席，这样就可以避免每半年更换一次轮值主席——先前的做法劳民伤财且不够可靠。此外还要任命一位欧盟外长。

为了使欧盟委员会在欧盟扩大的背景下依然可以运作，"一成员国一名特派员"的规则将会取消，特派员总人数将限制在十三人以内（外加主席和外长）。通过在成员国之间的轮换制度任命这些人员。这一重大改革避免了由于特派员人数过多及其班子和"条令"过于繁冗所带来的种种弊端，也保留了欧盟委员会失去已久的"团体"性质。

关于欧盟的透明度、民主运作以及工作效率，大家也提出了不少修改意见。欧洲议会充分履行立法职能。关于欧盟的标志（旗帜、格言、国歌）以及欧盟公民身份等内容也都给出了相关规定。

但是该草案并没有对"欧盟政策"进行调整，而是通过严格遵守"辅从性原则"① 限制其权力溢出。根据这一原则，凡是成员国或是其地方政府完全可以以同样有效方式执行的职能，欧盟不得介入。

从当时的公众舆论以及各成员国政府缓慢的政策进展来看，该草案已经实现了最大限度的突破。

那时我们仿佛只要伸手便可以触到楼梯的扶手，扶着它就可以让欧洲站起来并迈步向前。

---

① 根据"辅从性原则"，在多层级体制（国家区、省区、县市）中，如果一个下级机构可以以同样的效率有效执行某个措施，则不应当由其上一级机构负责该措施的执行。——原注

在那段艰难的岁月里，我们仿佛经历了一个历史性的幸福时刻。

*
*　*

二〇〇三年七月十八日，罗马。我在两位副主席的陪伴下，正式向欧洲理事会轮值主席、意大利总理递交《欧盟宪法条约草案》（以下简称《宪法草案》）全文。当时发生了滑稽可笑的一幕。我差人将草案用蓝色皮革精心装订，将它呈交给时任意大利政府首脑。递交仪式在基吉宫的一个房间里举行，现场架满了摄像机。当西尔维奥·贝卢斯科尼接过《宪法草案》时，一只大苍蝇忽然从他和摄像机中间嗡嗡飞过。贝卢斯科尼用手里拿的草案去打苍蝇却没有打中。苍蝇得意洋洋地飞来飞去。贝卢斯科尼不肯善罢甘休，只见他把精美的草案文本高高举过头顶，向苍蝇猛拍下去。这回总算是被他打中了。"命中目标！"他得意洋洋地大叫起来。在场的意大利媒体津津有味地拍下了这精彩无比的一幕。

在正式签署之前，《宪法草案》还需经过由轮值主席率领的最高级别政府间会议审阅。审阅工作主要集中在第三部分，即"欧盟政策"部分——这里保留了之前各条约的内容，只是根据《宪法》规定的决策方式对其进行了相应调整。

审阅工作本来并不复杂，但直到二○○三年底才完成。

我们可以从这次政府间会议的相对失败中吸取两条教训：本来应该参与该工作的各国外长几乎都没有来开会，而是派级别较低的副部长代表自己参会。

第二条教训就是：和那些被选举出的领导人相比，让没有决策权的官员进行条约谈判是难上加难。因为他们只敢按照本国上级的指示小心翼翼地前进，不敢越雷池半步。

历经八个月的谈判，政府间会议终于达成一致，最终文本和最初提交的草案相比并无明显改动。二〇〇四年六月十八日在布鲁塞尔召开的欧洲理事会上，该文件被通过。这时距离欧盟制宪筹备委员会草案完成已经过去了一年的时间。令人欣慰的是，欧盟制宪筹备委员会草案90％的内容都被保留了下来。

二〇〇四年十月二十九日，《欧盟宪法》文件在罗马隆重签署。如果所有成员国都批准该文件，它将于二〇〇六年十一月一日开始实施。

假如当时的批准程序顺利进行，到今天《欧盟宪法》实施应该已经有七年之久了！

然而批准过程中出现了意外，造成该项目最终搁浅。

在大部分成员国中，条约可以由议会批准，这样不会遇到太大的困难。但在包括英国和西班牙在内的其他十几个国家中，则不得不通过全民公决的方式来实现。

根据《法国宪法》，通过议会或是全民公投都是可以的。由议会通过并不会遇到什么困难，因为很多社会党议员都与执政党意见一致，愿意通过该草案。二〇〇四年年底，法国民调显示《欧盟宪法》支持率高达60％以上，所以希拉克受到这一数据鼓舞，决定选择风险更高的全民公投。

　　他的想法倒也可以理解：二〇〇七年他想再度参选，争取连任。假如公投成功，一方面有助于提升他的形象，另一方面在竞选过程中也可以作为一个论据，让民众觉得在迈入新欧洲的道路上选择一个有丰富经验的领导人是非常必要的。

　　然而天有不测风云！从二〇〇五年二月开始，法国政府民意支持率开始大幅下降。一方面是因为经济增速放缓，另一方面是因为某大企业负责人在离职时获得巨额奖金一事引发百姓不满。政府失去了民心。

　　众所周知，法国举行公投的时候，假如公投内容和老百姓不直接相关，他们投票针对的就是掌权的政府，而不是针对公投内容本身。

《欧盟宪法》公投就冒着这种被民意漩涡席卷的风险。当时比较好的选择是将公投推迟至那一年的秋天，但希拉克还是决定维持原有时间安排。

二〇〇五年五月二十九日进行了全民公投，结果是失败的：54.68％的人投了"反对"，45.32％的人投了"赞成"。

一九六九年也出现过类似状况，当时公投的主题是取消参议院和地方改革。公投结果失败，戴高乐将军毅然辞职，第二天就离开了爱丽舍宫。而二〇〇五年的法国领导人不是选择离去，而是将这一失败解释为法国民众是对欧盟不满，所以应当放弃《欧盟宪法》。

在欧洲其他地方，批准程序有的是通过议会，比如德国：95％的议员都支持该计划；或是在卢森堡，全民公投支持《欧盟宪法》。只有当时政治形势复杂的荷兰，全民公投也步法国后尘，选择抛弃《欧盟宪法》。

法国作为欧盟创始国之一，拒绝了《欧盟宪法》的同时没有采取任何替代措施，这造成了很大的麻烦，导致了一个混乱时期开始，并一直延续到今天。

经过一年半的时间，直到二〇〇七年一月一日德国总理安格拉·默克尔担任欧洲理事会轮值主席时表示：要结束这个"犹豫阶段"。二〇〇七年三月，在柏林签署的一份声明牵动欧洲一体化建设再次迈出脚步。

二〇〇七年六月一日，布鲁塞尔欧洲理事会期间，默克尔总理试图在自己的轮值主席任期结束前开启《修改条约》谈判，该条约将保留所有《欧盟宪法》既存的成果。

但和从前一样，尽管按照程序规定应该是由各国外长来起草这一文件，部长们自己并没有现身，而是把这一任务委托给了布鲁塞尔欧洲理事会的法律专家。这一令人遗憾的举措使得文件的出发点发生了变化，原本带有政治意义的计划变成了行政法层面的妥协。

当然了，原文本内容得以保留，但它们被拆散了，以对《罗马条约》和《马斯特里赫特条约》文本修订的形式插入前两部条约中，且这两部条约都得以保留。这样就使得普通公民难以读懂这部条约。这和《美国宪法》截然不同，后者清晰易懂，谁都可以在书店里以低廉的价格买到一本。

说到内容，《欧盟宪法》条约关于机构制度规定的内容——也是欧盟制宪筹备委员会成员真正关心的部分——全部体现在《里斯本条约》当中，只不过都是以修订的形式插入了之前的两部条约（《罗马条约》和《马斯特里赫特条约》），使得阅读起来十分困难。

我们可以做个试验：如果想要查询某条条款——比如，查询欧盟委员会的职责，只要参阅《欧盟宪法》目录就可以直接找到你想要的答案。

但在《里斯本条约》里，就没这么简单了，最好事先知道包含所要查阅主题的条款，因为该文本中没有专题目录。如果事先不了解所需查找的条款，那么读者就必须知道自己需要参照的是哪一部条约，因为有两部条约，然后耐心翻阅自己所关心问题的修订内容——因为内容的表述不再是以直接的文本形式出现在正文当中。

彼时我作为欧盟制宪筹备委员会的主席曾经如此评价这一《条约》："工具还是一样的工具，只不过它们在工具箱里的摆放顺序打乱了。如今工具箱里面有三个分散的储存空间，要找什么东西都必须耐着性子找上半天。"

工具几乎还是一样的工具，但有一点重要区别：根据《欧盟宪法》条约对欧盟委员会改革的要求，特派员人数应限定在十三人以内，但由于法国代表团的一个失误，这一条内容从文本中移除了，据说是为了方便爱尔兰公投。我去过都柏林，我坚信当地选民对这条内容并不感兴趣，原本可以毫无问题地保留下来。

另一个遗憾：《里斯本条约》并没有体现出《欧盟宪法》文本应当具备的简洁精确的特点，而是仅仅对之前的条约进行了修订，这二者之间存在着天壤之别！

好像是为了特意体现出该条约缺乏进取精神，《里斯本条约》当中关于"欧盟象征物"部分的内容也消失了。所幸贝多芬的旋律和星光环绕的欧盟标志已经深入人心，难以抹杀。但也有观察家指出：包括法国在内的国家并没有关于欧盟旗帜使用的明文规定。

经历了这样一个混乱的时期之后，如果说欧洲一体化的梦想多少有些破碎，大概也就不那么难以理解了。

第五章　欧盟现状

经过长期的直线前进时代和之后混乱的曲折前进时代，欧盟现状又是怎样的呢？

欧盟确确实实存在：二十八个成员国，总人口高达五亿零五百万人。欧盟国内生产总值在二○一三年达到169.5亿美元，同年美国国内生产总值为167.2亿美元，中国为93.3亿美元。^①欧盟外贸总量（出口加进口）居世界第一。其货币欧元走势稳健，发行伊始对美元比价为1.17美元，此时约合1.36美元。

欧盟确确实实存在，但却面临着麻烦。它遭受了严重的经济危机。欧盟机构并没有预测到危机的到来，应对危机的处理滞后，对包括货币领域在内的形势分析也不准确。失业率高达12%，居发达国家之首。高失业率使得欧洲民众对复杂低效的欧盟机构运作失去信心。各国民族主义倾向都有所抬头。在竞选期间，参选者总是对老百姓说：当前遇到的一切苦难都是欧盟造成的。但实际上这些问题来自成员国本国政府的失误与无能。

如果看看欧洲议员选举的投票参与度就可以感知民众对欧盟的疏远，不管成员国数量有多少，该数据始终呈持续下降趋势，并且这一走势可能会一直持续到二○一四年以后。

一九七九年至二○一四年间欧盟选举投票参与率

年份	成员国数量	投票参与度百分比
1979	9	61.99％
1984	10	58.98％
1989	12	58.41％
1994	12	56.67％
1999	15	49.51％

---

① 根据美国中情局 2014 年 "美国中情局世界概况"（CIA World Factbook）提供的人民币汇率数据。——原注

年份	成员国数量	投票参与度百分比
2004	25	45.47%
2009	27	43.00%
2014	28	43.09%

数据来源：TNS/Scytl 和 PE 2014

这种困境使外界对欧盟抱有负面的看法，把它当做"地球上的病人"。而且英语国家的大媒体也不断将欧元贬得一文不值，更加剧了这种印象。

其实《马斯特里赫特条约》的每个签署国都心知肚明，无数评论员也争先恐后地指出：使用共同货币需要成员国的经济政策协调一致。有些理想主义者甚至宣称，依靠各成员国领导人的远见卓识，这种协调自然而然就可以实现。欧盟于是就会自然地进化成一个经济与金融共同体。鉴于在欧盟成员国中，广义上的公共开支（其中还包括地方政府开支以及政府其他机构开支）约占成员国国内生产总值的 40%，在法国甚至高达 50%，所以促使成员国协调一致的工作就要从公共开支来入手。某些对欧盟持怀疑态度的人士叫嚣：这意味着干预各成员国具体预算内容。这种论断是错误的。实际上这种协调关注的是总量和赤字，以保证各国经济总体水平与欧元相匹配。

前文已经提到过，《马斯特里赫特条约》第104条C款中提到了该内容。原文是这样表述的："成员国应避免过度的公共赤字。欧盟委员会监督各成员国预算进展以及公共债务的数额，以便及时发现严重问题。"

欧盟各成员国共同签署的一份议定书中给出了第104条C款的具体标准：

• 预期公共赤字或实际公共赤字不超过按照市场价格计算的国内生产总值的3％；

• 公共债务不超过按照市场价格计算的国内生产总值的60％。

该议定书还在其第 3 条款补充道:"成员国需要快速及时以及常规性地向欧盟委员会汇报其预期与实际公共赤字以及公共债务水平。"

这样一来规定就很明确了:成员国公共财政水平应保持在与欧元的应用相匹配的规定范围内。

遗憾的是,无论是欧盟委员会还是大部分成员国都没有遵守这些规定。

这一内容被华丽地称为"稳定契约"。然而在二〇〇三年德国和法国都违背了其内容,一方是为了在其深刻的社会改革中保留相当的灵活性,另一方是为了不要妨碍自一九八一年以来就涨势迅猛的公共支出。

欧盟委员会面对这种情况,除了有气无力地发出一点警告,根本束手无策。

　　　　　　　　　　*
　　　　　　　　*　　*

　　就是在这样的背景之下，危机最初的一些惊人迹象开始显现。

　　欧盟领导人和布鲁塞尔的办公机构似乎没有预见到这场一触即发的危机。经济学专业的学生都知道：经济活动是周期性的，并在一定范围内上下浮动。经济活动的几个主要要素：生产，消费，投资和储蓄，它们也不断调整相互关系。如果当初欧盟成员国遵守了《马斯特里赫特条约》规定的相关标准，那么这次经济活动调整也不会如此剧烈。

　　两个相互并无关联的因素使情况更加恶化。

　　首先是世界经济舞台上出现的金融与银行业乱象，所谓"市场经济"是建立在对价值正确评估的基础之上的，而此时的经济却变成了一种"投机式经济"，倾向于追求短期利益，追求将企业买进卖出所带来的收益，于是经济创造出的利润流入金融领域。金融精英们其实并不了解他们所经手的这些复杂的"产品"，但他们追求买卖后者所带来的收益。瑞士银行凭什么可以介入美国南方各州低收入人群的社会保障房贷款？从事向地方政府贷款的法国本地的信贷公司为什么可以去购买一家位于纽约的投资银行？只要操作稍有不慎，后者就将面临倒闭。

当初克林顿政府在纽约银行界游说的压力下放松对银行的监管，几乎达到荒谬的地步，而此次危机正是当年这一行为所造成的后果。欧洲的领导人还没有意识到自己如履薄冰。当然了，欧洲的银行只由其负责人管理，政府并不进行管辖而只是起着微乎其微的监督作用。更何况行使这一监督权力的机构往往都无所作为。

第二个因素是——与其说是突然出现，不如称之为崛起的中国——中国带着数千万勤劳、学习能力强的劳动力走上了世界的舞台。其劳动力价格低廉，工资水平比西方国家的最低工资标准还要低得多，并带动了整个东南亚地区步其后尘。中国制造的产品涌入欧洲，动摇了欧洲工业的诸多领域——面对如此强劲的竞争，后者毫无还手之力。这一竞争带来的结果就是在欧洲造成大量失业。只有包括德国机械加工行业在内的少数几个领域得以幸免，前者由于高超的技术水平维持了下来。整个欧盟的失业率在二〇一三年超过了10％。

危机呼啸而至。

*
*　*

本书的目的不在于描绘这场危机，而是要试图分析这场危机为欧洲一体化的进程带来了哪些后果，以及老百姓如何看待这场危机。

公众舆论开始对欧盟的运作甚至包括欧洲理事会和欧盟委员会等欧盟机构（欧洲议会除外）的能力产生了质疑。虽然召开了一次又一次的"临时峰会"，但收效甚微，比如召集非欧元区国家来参与讨论欧元问题的会议——它们拒绝伸出援助之手，又比如对那些无力实现其承诺的欧盟国家并没有明确提出脱欧这样的解决方案，种种因素都损害了欧盟的形象。

人们并没有充分关注个别成员国在财政管理上的严重漏洞，以及金融机构的投机行为所带来的严重后果，而是一味把责任都归到欧元头上。其实欧元始终保持稳定，并维持了物价涨幅低于美国水平。经过漫长而艰辛的过程，尽管投机机构拒不参与挽救欧元区的行动，而是让纳税人去承受一切，但最终欧元还是成功减小了国际投机资本在那些债务问题最严重国家的主权债务上投机倒把的可能性。

危机的高度投机性于是显现：二〇一一年至二〇一二年间，像意大利和西班牙等最脆弱的国家却不得不发行利率高于6％的十年期国债！到二〇一三年十二月尽管欧元区所有成员国的公共债务（爱尔兰除外）都有所增加，但法国十年期国债利率基本保持在2.4％，西班牙和意大利也就略高于4％。说到欧元，尽管英语国家媒体反复诋毁，甚至个别曾荣获诺贝尔奖的经济学家也出来发表一些添油加醋的言论，但欧元始终保持国际第二大货币的地位，甚至相对美元出现增值——对于出口企业来讲，这增值量甚至有点太多了。

人们开始探讨欧盟财政团结的话题。然而发起这一话题的主要是那些曾从经济较弱的成员国的管理失误中获益的国家，开展这一讨论就是为了保护自己的投资，避免自己分摊后者的损失，然而这一损失其实正来自它们当初的决定——它们好像忘记了自己当初所获得的好处。这就造成了一种奇怪的局面：原本把自己的财政管理得好好的国家，此时就不得不为其他人犯下的错误买单。由财政游说集团掀起的这些讨论不但没有推动欧盟团结，反而让成员国之间出现不合。

*
*　*

这确实是一段艰辛的岁月，经济发展缓慢，失业率居高不下。欧盟的一贯反对者遇到了攻击欧盟的大好时机，各国民族主义也纷纷抬头。尤其是当各国执政党无所作为或是行动迟缓时，都把形势不好归咎于欧盟，也是导致前面提到情况的原因。

这种情况下，人们对欧盟的感情渐渐冷淡也不难理解。但令人惊讶的是，这种冷淡并没有进一步扩大！比如在法国，只有30％的民众支持政府的行动，而欧盟民调于二〇一四年七月公布的数据却令人较为振奋：虽然47％的法国人认为欧盟前景悲观，60％的法国人觉得危机最艰难时刻尚未到来，89％的法国人认为法国经济形势差，但是仍有63％的法国人表示觉得自己是"欧盟公民"，这个数据仅仅比欧盟成员国平均值低一个百分点，当然了，比德国低了十六个百分点！尽管危机仍在，尽管前景仍不明了，但自二〇一〇年以来人们始终保持着稳定的欧盟归属感！

如果从数量繁多的各种民调中仔细搜索，我们惊喜地发现，当被问及：你是否支持使用欧元这一单一货币的统一货币经济共同体？68％的法国人都会回答 Oui①，75％的德国人都会回答 Ja②！

拙作正是希望发出倡议，提出新的目标，发起欧洲

---

① 法语，是。——译注
② 德语，是。——译注

一体化建设的新展望: 重新放飞欧罗巴的梦想, 在欧洲大陆上建立一个可以与世界其他经济大国比肩的强大经济体, 将千百年来欧洲文化与文明为人类社会带来的贡献进一步发扬光大!

第二部分

计划

第六章　当下的争论

看到欧盟建设当前的一片乱局，很多人纷纷思考如何才能让它重新振作起来。这些思考者中不乏杰出之士，他们的观点值得我们认真思索。其中有两个文件值得引起关注：其一为自由党党团主席居伊·伏思达和时任绿党党团联合主席的达尼埃尔·科恩-本迪在欧洲议会上提出的《新创始条约》；另一份则是智库Synopia所进行的一项研究，前欧洲理事会秘书长皮埃尔·德·布瓦西厄先生，前委员会会员、葡萄牙的安东尼奥·维托里诺先生，荷兰的汤姆·德·布鲁因先生以及托尼·布莱尔首相的欧盟事务顾问、亲欧的史蒂芬·沃尔先生等人敦促开展该项研究。

　　诸如德国的格林尼克工作组以及与其关系密切的法国埃菲尔工作组之类的研究小组也提出了各类倡议，值得我们分析思考。

然而尽管这些提议看似吸引人，也值得我们研究，但这些规划——尤其是当中的第一个——终究无法成为未来欧盟发展的路线图。

它们的首要缺点就是缺乏能够抓住民心的目标。这些提议主要着眼于改进当前体系的运作，而没有提出关于欧盟存在意义以及其未来发展前景的任何看法。

第二个缺点则是，如果单纯看字面表述，无论是各国领导人还是欧洲各国老百姓都很难认真看待其内容，更别说采纳其建议了。这一点在联邦自由党的提议当中格外凸显。

如果我们看一看其核心提议，就知道它不可能被采用。首先，该文件指出"执行权力过于弱化，权力过度分散"——这一看法无疑是明智的——其后，提出解决方案："由欧洲理事会和欧洲议会指定，欧盟委员会化身为欧盟的政府，并对这两者负责。一九七四年成立的、由欧盟各国元首以及政府首脑组成的欧洲理事会化身为欧盟参议院。欧盟政府的成员——欧盟委员会委员——由委员会主席提名。"

在当前的形势下，欧盟二十八个成员国中有谁肯在这样一个提议的基础上开启谈判呢？

尽管为该文本背书的都是声名显赫的人士，它却终究未能打动民心！该计划其实是对上个世纪八十年代意大利联盟党议员斯皮内利的诱人提议的再版，但是从那时到现在，欧盟扩大化已经大大改变了欧盟的面貌，经济危机也动摇了欧洲，使得类似的提议在当前背景下已经不再吸引人。

Synopia 的方案由出色的技术团队一手打造，更加务实。它并不呼吁签署新的条约，而是着眼于对当前机制进行一系列调整，并将对欧元区的管理部分分离出来，由后者继续一体化进程。

这一想法看似有道理，但实际上并未充分考虑到一个情况——欧洲当下存在着两个不同的政治方案，二者必将走向截然不同的方向—— 一个期待建立体积愈加庞大的自由贸易区，人员与物资在其间可以自由流动，但正如英国巧妙地表述的那样，它拒绝任何深入的一体化；而另一个则与舒曼—莫奈计划一脉相承，追求更深入的一体化，力求将欧元区变成一个整合的经济体，与左右二十一世纪国际风云变幻的其他大型经济体并驾齐驱。

显而易见，两个方案之间的关系以及其各自的发展前景是一个至关重要的问题。

《里斯本条约》定义了有二十八个成员国的欧盟的运转机制。它只负责少数特有职能（2条B1款[①]），并在执行欧盟层面职能的过程中协调成员国之间的行动——这些欧盟职能由"辅从性原则"（任何在更低级层面也可以同样妥善实现的职能，欧盟不会介入）严格界定，并受该原则限制。

　　欧盟委员会的二十八成员国组成结构大大阻碍了欧盟的干预能力，成员的投票权也严重影响了欧盟的决策过程——投票权的分配天真地追求实现欧盟大国与小国之间的平等。欧盟需要就这些问题进行深度改革。英国提出了改革的要求，作为留在欧盟的条件。迄今为止，就这些调整还并未进行具体讨论。

[①] "欧盟在以下领域拥有唯一权力：a）关税同盟，b）对欧盟统一市场必不可少的竞争条款，c）使用欧元的成员国的货币政策，d）根据共同渔业政策对海洋生态资源进行保护，e）共同贸易政策。——原注

大部分欧盟成员国都希望，如果已拥有二十八个成员的欧盟能成功进行改革，则应该进一步扩大欧盟的范围。欧盟其实正悄无声息地与一些潜在未来加入者进行谈判或联络。这些潜在加入者都在暗地里受到美国支持。比如目前的乌克兰和土耳其就属于这种状况。这些国家的加入将使欧盟突破现有的界限，并加剧欧盟内部成员国间的经济与社会不平等，从而弱化欧盟的身份，使得"欧盟公民"这个词失去意义。

欧盟会变得如同那些联合国支持的区域性组织，无法再有机会重新赢得老百姓的支持，也将不再能够建立任何真正意义上民主的机制。这一前景已经够悲观了！二十八成员国的欧盟还是有用的，它还将履行专有职能，它也会继续参与国际重大商贸谈判。但如果欧盟进一步扩大，则难免重蹈历史的覆辙——如同那些二十世纪六十年代成立的用于为"马歇尔计划"善后的欧洲机构那样，从最初的欧洲经济合作组织转变为今天的经济合作与发展组织和欧洲理事会，只不过后者的作用已经被弱化。

我们所提出的一体化计划着眼于欧元区。要想进行更深入的一体化，除非这些国家有这种意愿和能力。如果老百姓不情愿，那么把一体化强加在他们头上是不可能成功的！

在提出这个新的欧洲一体化倡议之前——在下文中我们将称之为"计划"——首先让我们厘清拥有二十八成员国的欧盟和深度一体化的欧元区欧洲之间的关系，当下这个关系难以理解。

有意支持该计划的成员国政府的积极参与将决定这一共同体的组成，并且它将加深一体化进程。我们可以设想第一个成员国名单：六个欧盟创始国（德国、法国、意大利、荷兰、比利时和卢森堡）以及西班牙、葡萄牙、奥地利。一旦时机成熟，波兰也会加入。或许爱尔兰和芬兰也会跟上这个队伍。也就是说我们称之为"欧罗巴"

的这个群体将由十二个成员国组成。

欧罗巴的成员国仍是欧盟成员，也会继续以欧盟成员国的身份参与其活动及讨论——当然了，就像前文曾经指出过的那样，这些行动与讨论不会包含任何涉及欧洲深度一体化的举措。欧罗巴成员国会制订属于自己的一体化规划，而不再像从前那样，硬拉那些抗拒一体化的国家入伙。这些成员国会继续各自独立地参与欧盟的讨论。其经济发展日益融合，自然会令它们采取共同的立场，不断凝聚，同时又不会丧失各自的政治自由。

届时欧盟各机构必然会不断对其施压，试图介入欧罗巴的活动，甚至凭借"观察员"的模棱两可的身份参与其决策。这种混淆会使得老百姓更加无法理解为什么会有欧盟和欧罗巴并存，所以必须坚决避免造成这种局面。由欧罗巴成员国国家元首以及政府首脑组成的小组的负责人将负责这项工作。

这一点我们之后再谈。

在我们解释欧罗巴一体化的计划以及它能给老百姓带来什么样的改变之前，让我们先看看当前欧盟面临着哪些危险。

第七章　欧盟解体的危险

如果在民众面前拿不出具体可行的欧洲一体化目标，当前的欧盟体制将有可能分崩离析。这样说并不是要吓唬胆小的人，因为这件事情发生的几率相当高。

这类事情在过去已经发生过。且不说历史上欧洲各国之间频繁的战事，就拿一件比较近的事件来说吧：二十世纪五六十年代在美国施行"马歇尔计划"期间成立的经济与合作发展体系的没落。该组织的部长级理事会曾接纳了英国和佛朗哥执政时期的西班牙；其组成部分"欧洲理事会"至今依然存在，并继续在斯特拉斯堡的议会召开会议，只不过媒体对它没有丝毫兴趣。经济合作与发展组织还包含一个成员国之间的货币团结机制。随着民众对其丧失兴趣，加上各国政府削弱支持力度，该组织逐渐为历史所淡忘。唯一幸存的就是理事会——它化身为一个国际组织，至今仍具效力，且受人尊重。

欧盟解体的威胁发出了几种信号。在这里我会提到其中四种。

首先，在上一次欧盟选举中，投票率只有 43％，并且每五个投票者中就有一人投了反欧票。民众的这一举动并不是排斥欧盟，而是因为欧盟机构的运作令他们感到不满，而且在危机肆虐的五个年头中欧盟居然毫无建树。

第二个信号来自布鲁塞尔的欧盟游说团，它一味鼓吹扩大欧盟。欧盟各机构一开始只是为了满足六个创始国的需要而创立的，并没有进行必要的改革以满足二十八个成员国的需要。一部分自以为是的多数派一味追求欧盟扩大化。尽管欧盟最大的两个成员国表示了抗议，但近期法国暧昧地表示要进行公投，也就意味着入欧条约是有可能出台的！与土耳其的入欧谈判一直在悄无声息地进行！追求欧盟扩大化使得整个体系越发难以驾驭，而且随着文化差异的扩大，各国也更加追求回归本国文化。

第三个信号最令人担忧，即欧盟神话的幻灭。自从第二次世界大战结束以来，欧盟神话一直被看做是和平的颂歌，然而在最近一次公投当中，却丝毫没有人提起这一点。上次欧盟调查对法国年轻人投票参与度进行了分析，三十五岁以下年轻人的弃权率高达73％！欧盟神话被淡忘，失业率又居高不下，欧洲茁壮成长的一代人将有可能抛弃欧盟的计划。

此外，不知出于何种原因，大部分欧洲媒体对报道欧盟体系的大事丝毫没有兴趣。

法德作为欧洲大陆最大的两个国家，其紧密合作是欧洲一体化前进的基石，然而随着经济发展的不平衡，法德之间的分歧也日渐增大。我们不应忘记，从欧洲一体化建设的萌芽直到一九九九年欧元流通，是法德两国的领导人共同推动了一体化的每一次进步。而之所以今天两国之间会形成差距，与其说是德国由于采取了适当的改革措施而走在了法国前面，不如说是法国由于没有实行必要的改革而落在了德国身后。

表面上看两国仿佛亲密无间，实际上隐藏在表象背后的种种意见不合对欧盟内部的稳定造成了威胁。

这些令人担忧的信号可能使事关欧盟统一大局的计划丧失民心。

遗憾的是，最近一次欧盟选举并没有为欧盟的深层问题带来答案，而只是做了一些表面功夫来掩饰当前的困境——选举欧盟委员会主席——这一举措被看做是欧盟民主的进步。

第八章　布鲁塞尔政变

二〇一二年六月二十七日在布鲁塞尔举行的选举无异于一场政变：在指定欧盟委员会主席的过程中，欧洲理事会的决策权旁落——拥有二十八个成员国的欧盟前景愈发暗淡。

　　《里斯本条约》对该程序有明确表述，具体参照该条约第17条7款，全文援引《欧盟宪法》条约第1条27（1）款。我之所以了解得如此清楚，是因为该条款是我亲手写就。

　　条款中指出："关于欧盟委员会主席的人选：欧洲理事会根据欧洲议会选举情况，在进行适当的意见征询后，以有效多数的投票方式选出一名候选人，向欧洲议会提出该候选人，并将由欧洲议会投票表决。"很明显，是由欧洲理事会进行意见征询、根据欧洲议会选举状况，且由理事会提出人选。欧洲议会议员们的工作就是投票支持或反对该人选。如果该人选没有被议会接受，欧洲理事会就需要提出新的候选人。

然而各政党高层耍了花样，媒体也有意误导民众，以至于老百姓以为是他们直接投票选出了未来的欧盟委员会主席。这种想法完全是脱离现实的，也因此让欧洲理事会丧失了条约赋予它的权力。所以我称之为"政变"。

那么"根据欧洲议会选举情况"这句话究竟是什么意思呢？并不是说要指定欧洲议会议员当中的一位作为候选人，因为欧洲议会选举只是针对议会议员的职务，而不涉及其他欧盟职务。这里想表达的意思其实是对民意的一种开放态度，如果老百姓在欧洲议会议员选举过程中传达出某种信息，那么欧洲理事会在提出候选人时会对该信息予以考虑。

那么上一次意见征询中欧洲选民表达了什么样的意愿呢？对欧盟运作模式不满，希望欧盟能进行相应改进。这就意味着民众期待一位有能力发起改革的新人。欧洲理事会"进行适当的意见征询"，并在理事会主席指导下列出改革派新人的候选名单，然后在其中选出合适的候选人。但这个征询过程并没有发生！

取而代之的是议会各派的游说集团——他们指定的都是一些热门的政治人物——这样就给选民们造成了错觉，以为自己通过投票明确选出了一位具体候选人，而欧洲理事会无权修改他们的选择。如果选民真有这样的权利的话，本该在他们投票选欧洲议会议员的时候得以体现。

布鲁塞尔那些冒冒失失的游说集团可不这么看。在强有力的媒体网络支持下，他们刻意忽视条约文本，故意让欧洲选民产生错觉，以为是自己通过民主选举的方式选出了欧盟委员会主席。其实这个候选人根本就是游说集团提出的候选人，而选民根本就没有做出过选择。

这种架空欧洲理事会的行为，使得它既没能发挥也没能捍卫自己本该发挥的作用。这是对当初让·莫奈设想的欧盟组织机构平衡的破坏。布鲁塞尔的游说集团有时以极端的方式刻意扭曲条约内容，还以为这是另一场"网球场宣誓"①。然而这种做法却可能将欧盟机制引入另一个灾难性的方向。游说集团妄图让一个由布鲁塞尔控制的、有组织的联邦机制凌驾于欧盟政治组织形式之上。这种想法完全脱离实际，在现实中完全不可能实现。

在欧洲唯一行得通的联邦形式不会是拿破仑式的、

---

① 法国大革命期间，第三等级的代表以及部分教会人士和贵族在凡尔赛宫的室内网球场集结，宣誓如不制定和通过《宪法》就绝不解散。——译注

自上而下的强制形式，这样的方式终究会碰壁，而应该是更加实际的、自下而上的形式，通过权力转移来实现！通过在成员国层面精心筹备施行欧元，使得货币管理这一重要职能逐步从国家层面上升到了联邦层面；然而如果单纯依靠将布鲁塞尔的意志强加于成员国，这一转变就不可能实现。

我们提议的宏大计划就采用这种循序渐进的方式来实现。将国家层面的部分职能逐渐集中上升到欧元区层面进行管理。经欧元区成员国同意，对欧罗巴进行联邦式的管理。

至于拥有二十八个成员国的欧盟，它将继续保持欧盟的名称。

第九章　目标

宏大计划：完成欧罗巴的建设

欧罗巴融合的新进展必须要符合当前时代发展的需要：自二十世纪下半叶以来全球人口发展对世界产生了巨大影响，极具竞争力的新兴国家崛起，中国重新登上历史舞台，源自欧洲的传统文化、精神以及社会价值受到冲击。在十九世纪与二十世纪，西方国家本以为可以将这些价值观推广至全世界。

　　在这样艰巨的时代背景下，欧罗巴计划的目标就是在欧洲的土地上创建一个强大到足以与其他大国竞争的经济体、保持就业率以及继续传递自身的文化与社会价值。

　　这就意味着欧洲在一体化进程中必须迈上一个新的

台阶。因为哪怕是最大的欧盟成员国（其人口呈下降趋势）也不可能单枪匹马地完成这一历史使命。向着欧盟的联邦式管理更进一步，也符合建立欧洲共同体的最初意图。

欧罗巴计划旨在建立一个全境货币、预算与税收统一的联盟，并最终创立共同国库以及金融互助机制。

向欧洲民众提出的目标就是在欧洲领土上建立一个区域，任何个人和企业都可以在该区域内自由地移动、工作、生产以及投资，使用统一的货币、遵循统一的预算与营业税和所得税政策。

这样就可以形成一个均衡的充满经济创造力的区域，抛开条块分割，减少地区差异，让欧洲的年轻人可以在恢复了创造力、发展与就业的大环境中充分发挥自身的能力。

看到我们提出加深欧元区经济一体化，却无视该区域政治一体化的需要，有的读者可能会感到惊讶。

之所以如此，是出于两种原因。

第一个原因是，关于欧洲建设的提议众多，真正有结果的却没有几个，所以欧洲老百姓已经对此开始感到厌烦。所以我们只提一些具有实际可行性的建议。当前看来，在短期内决定欧元区政治一体化建设的可能性微乎其微。无论是成员国民众还是领导人都不会接受这种建议。所以提这样的建议很可能产生负面效果。

第二个原因是，我们的提议其实就像让·莫奈从一开始就倡导的那样：先进行一些有限范围内的举措，随着这些措施的发展，把它们引入其他新领域将显得必要且具有说服力。他最初提议的是进行煤矿和钢铁领域的一体化。几年以后该计划又扩展到所有的贸易领域，保留了原有三个机构的组织形式，形成了《罗马条约》所提到的"共同市场"。

推进货币、预算与税收一体化，并最终建立欧元区共同国库这样的提议，在当前不会遇到不可逾越的障碍。同时随着机构运作的发展规律，给未来的政治一体化留下了可操作的空间。

我们建议成立一个欧元区执委会，该机构每月举行例会，各国元首与政府首脑出席例会。欧洲人民大会代表将起到与各国议会联络的作用。在这个过程中或许就会有机会推进欧盟成员国之间的政治一体化更加深入。

而眼下，让我们先来关注当前可以实现的，也是实行欧元以来大家所一直期待的，即经济一体化建设。

　　　　　　　*
　　　　　*　　　*

　　要进行经济一体化建设，必须有一个具体的时间
表：从第一年开始就减少成员国之间的税收差距，并在
十五年间完成这一过程。这样整个规划可以在二〇三〇
年实现。

　　如何处置欧盟的五大要素：货币、预算、税收、公
债以及财政互助？待我们来仔细分析。

　　　　　　　*
　　　　　*　　　*

　　一、货币统一已经实现了。《马斯特里赫特条约》规
定了其运作规则。前两任欧洲央行行长让-克劳德·特里
谢以及马里奥·德拉吉在任期间对其进行了出色、独立
的管理。欧洲央行的职责范围严格限制在货币领域。宏

观经济的重大抉择仍属于各成员国政府，即欧洲理事会的职能。

要特别注意一点：在吸纳新成员时必须格外谨慎。当前的危机显示出轻率的加盟决定可能带来的种种危害。立陶宛将在二〇一五年加入，波兰加入欧元区的进程也已经进展大半，未来十年当中，除了这两国以外，将不再吸收新成员加入。候选国加入欧元区的决定必须事先经过公投，并获得有效多数，比如三分之二选票才可以通过。这样民众会意识到进行这些改变可能带来什么样的后果。

对欧洲央行发行货币的管理也必须伴随对欧元区国家银行活动的严格调控，避免缺乏管控带来的种种弊端以及全球金融投机带来的危害——这些行为只可能对经济的创造力和就业造成打击，使得资源流向金融部门，而无视小企业的特殊需求。欧洲央行发挥金融调控的作用，目前正要采用的计划也希望如此。

二、二〇一二年三月二日在法国签署并于同年十月十一日在法国获得批准（期间经历了法国大选，总统更迭）的《欧元区内部稳定、协调与治理条约》解决了预算同盟的问题。需要落实《马斯特里赫特条约》规定的各项义务。有谣言声称，这些举措使成员国失去了预算优先权的决定自由，事实并非如此——该举措只涉及各成员国的支出与收入总量，以便使二者符合欧元稳定发展的需要，避免再次出现过去几年中曾动摇了欧洲的财政失衡现象。

有一点在这里需要特别提一下：批准欧元区成员国预算或批准其预算修改的权力属于欧元区执委会，而不再属于欧盟委员会。为什么会有这种变化呢？首先，自二〇〇三年以来，欧盟委员会监督落实欧盟"稳定契约"的行动并无实效。更关键的是：在过去几年，乃至过去几周当中，欧盟委员会对法国提出的各种意见几乎完全不可行。为了避免成员国反应过于激烈，欧盟委员会的意见往往是温和妥协的，民众对这些意见漠不关心。由于这些意见只被看做是简单的行政评语，数部条约规定义务的落实不是被改变，就是被推后了。

而如果由欧元区执委会来研究这些计划，情况就会截然不同。在执委会里，那些花钱大手大脚的成员国政府和那些未来可能为前者的行为恶果掏腰包的成员国政府坐下来共商大计。如果在问题初现端倪之时，各国政府的实际负责人就共同注意到这些问题，那么二〇〇九年到二〇一三年期间接连发生的财政危机以及成员国之间的对立很可能就不会再发生。

这并不意味着需要进行程序上的调整。根据《马斯特里赫特条约》规定，欧盟委员会对预算规划进行研究，但它不再对这些规划作出最终判决，而是将研究成果呈报给欧元区执委会，由后者来决定是通过还是否决这些预算计划。

三、税收问题会更为复杂，但它是重中之重。统一税收可能是欧罗巴老百姓最能切身感知的变化，也可能是他们最乐意接受的举措：统一的货币，统一的税收！一旦真的实现了这一点，民众绝不会乐意看到历史发生倒退。

统一税收的问题影响巨大，肯定会引发一系列批评，会有人指责这种想法根本不切实际，而且无法实现！媒体上将充斥着种种批判与不屑的声音。然而，在当今世界很多大国中，这其实是司空见惯的现象。无论是在美国、中国还是巴西，国家税收在各地区之间是一致的。住在纽约或是洛杉矶的人交的税一样，住在北京或上海的人交的税也一样。里约热内卢的居民和圣保罗的居民交的税也一样。既然如此，为何柏林、马德里或那不勒斯的人却要交不同的税呢？要做好准备，来回应对统一税收措施的种种指责。

反对的一个主要声音来自以下观点,有人出于条件反射,或是出于偏见,认定税收领域属于各国主权管辖范围,因为议会之所以产生,最初的职能甚至起源就是为了就税收问题进行投票!理论上看,这说得通,但是实践和这种简单的想法差距甚远。在现代社会中,税收的提议是在与民众和外界隔绝的情况下在税务部门内部完成的。当议会大厅中寥寥无几的议员就税收问题进行讨论时,代表小股利益的游说集团的介入使得这一工作更加复杂。最终,议会的修正案否决权能够解决麻烦。如果硬要说这是涉及国家主权的问题,这说法看上去更像是个借口,而不是站得住脚的论据。此外,IFOP民调在二〇一三年十一月进行的民意调查显示,66%的法国人赞成设立欧元区财经部长这一职位。

由于税收被看做所谓的"国家主权",在包括法国在内的几个成员国中都存在税率不合理的情况,由此引发的长期不确定因素阻碍了经济发展。

即便遵守"主权原则",成员国政府也可以自由选择执行其税收政策以实现某些目标。哪些目标?就像我们所建议的那样,目标是让整合后的欧元区内,无论在哪个国家哪个地区,人们从业时在各国缴纳的税款是完全相同的。这一原则引发了如下思考:涉及哪些税种?由谁来管理?由谁来决定?

哪些税种?要想实现平等——从地理分布上看的税收平等——就涉及除了地区性和本地税种以外的、和收入以及财产有关的所有税种:所得税、增值税、公司税、"团结互助"税以及遗产税。目的不是取消这些税种,而是要让所有纳税人,不论他们身处欧元区内的哪个国家或地区,都缴纳同样数额的税款。这样就需要对税率和税基进行持续调整,以便实现统一税收。要通过以下方式实现:首先要确定需要统一的税种清单,确保其税基一致;然后确定最终的"目标税率"。该税率由执委会决定,后文中会讲到其决策规则。

税收平等可以分两个阶段实现："前期"耗时十年，截止于二〇二五年，期间各国将比照目标税率，分阶段等分削减各国之间的税率差距。"后期"耗时五年，截止于二〇三〇年，届时各国都将本国税率调整至欧盟税率。

还需要在欧元区内统一征税条件以及处理税收纠纷。该工作将继续由各国税务部门执行。当然各国的税收方式与税务文化千差万别。在过渡期间，各国税务部门通过讲座、实习、培训等方式加强税务工作交流，以便在税收实践中实现必要的调整。

需要重申一下最终目标：确保无论人们身处欧元区内的任何国家或地区，从事任何行业，他们缴纳的税款数额都是一致的，当然，地区性或本地税种除外。就像在世界各地的大国中那样，不管是联邦制国家还是中央集权国家，尽管身处不同地区，人们却缴纳同样的税款。这样人们就会感受到新的自由，可以更加自在地创业、创造与开展生产。

当我对人们谈及这一计划时，尽管他们都是思路开阔、支持欧洲一体化的人士，但大多数人还是有同样的反应："目标确实很吸引人，但根本不可能实现！尤其是统一税收，简直是痴人说梦。各国的税收体系纷繁复杂，深深植根于其政治与行政传统当中，想拉近各国之间的税收水平已经不可能实现了，更别提什么统一了！"尽管大家的反应很激烈，但我想这种意见站不住脚。

当人们想到税务法律法规复杂的修订、调整、税款评估或其他内容，就会觉得要统一十二个成员国的全部税收规定根本就是异想天开。但何不采用更有新意的方法呢？比如先确定哪些是需要统一的税种，然后再明确每个欧盟税种的性质，尽量遵循简明、高效与公平的标准。建立了"欧盟税"模式之后，每个成员国将决定如何在规定期限内征收欧盟税。

但愿异想天开不用纳税！二十世纪六十年代，在莫里斯·洛雷的努力之下，法国成功用增值税取代了种类繁多的零售业税。如今增值税已经为世界各国所采用。

如果老百姓看到这个欧洲一体化整合区域内的统一税收原则，将会大力支持这一举措。到时候即使是支持税务复杂体系与国别化的最狂热的游说集团分子也将无话可说！

这样做会对公共财政平衡产生重要影响。用十五年左右的时间逐步实现该目标，可以让各国进行必要的调整。

*
*　*

同样的方法是否适用于各类社保费用呢？目前看来

没有必要进行这类调整。虽然退休年龄、每周最长工作时间等含有社会保障性质的宏观经济举措需要协调，但社保费用的性质和税收有很大区别。这类费用往往是通过合同协商决定的，有时甚至是企业内部劳资双方协议达成的。各国实施社保类政策的部门不尽相同，同时这类政策体现了不同的生活条件。如果强制统一的话，违背了形成社会构成的程序，十分勉强。最好在足够长的时期里采取渐进式统一。

四、欧元区公共财政的协调自然而然会涉及成员国公共债务的问题。各国利率不同、发债条件不尽相同，很大程度上导致了二〇〇九年至二〇一二年期间的金融危机。在马里奥·德拉吉领导下的欧洲央行非常明智地收购公债，起到了稳定市场的作用，也使得想要在短期内大赚一笔的投机分子无机可乘。但二〇一三年欧元区债务持续上升，其中希腊债务高达国内生产总值的160.5％，意大利高达130％，连法国也高达91.9％！尽管负债率持续增高，十年期国债利率却有所下降，二〇一三年十二月法国国债利率约为 2.4%，意大利和西班牙为 4.4%，表明人们已开始恢复信心，同时投机行为也有所收敛！

在这场财政风暴中，有人提出了一个不合时宜的荒谬建议：让各个成员国立刻分摊债务，高利率与低利率国家共同举债。最终这些债务的利息由谁来支付？和传统公债相比，这样的联合公债又能给投资者带来什么样的信心？还好这个不合时宜的建议最终并未被采纳。

同时另一个比较明智的想法逐渐成型：如果欧元区各国的公债水平与发债需求较为接近的话，是有可能发行欧元区联合公债的，这样既融合了正常财政状态下成员国发债的需求，也能够为这些需求带来资金支持。这意味着欧元区财政一体化迈出了新的一步：建立欧罗巴成员国共同国库，以便管理欧元区成员国的债务需求。

在十八世纪末，在亚历山大·汉密尔顿的大力推动下，美国正是通过类似的方式稳定了各州财务。

发行欧元区联合公债，并创立欧罗巴成员国共同国库，需要经过周密的筹划。在全球金融市场上成绩斐然的欧洲青年金融才俊可以贡献出他们的力量。要确定需要发放多少公债，上限是预算审批过程中通过的赤字限度，确立发行时间表，以及利息支付相关措施。欧元区各成员国国库的负责人将通过有效多数投票的方式（个别情况下，需要全票通过）筹备该计划。

在这种背景下发行的公债可能在国际金融市场上大受欢迎！和前一种不合时宜的债券相比，这会形成多大的反差……

各成员国还保留以本国名义举债的权力，但单独举债时不可以打着欧盟的旗号，也不能指望欧盟资金出手相助。

尽管这些不过是技术性举措，却是向着欧元区联邦制管理迈出的重要一步。

五、在实现经济、财政与税收同盟的过程中，我们还应当思考如何引入成员国之间的财政团结机制，就像一九四九年的《德国基本法》规定的那样。

欧元区成员国之间存在着财富差异，就如同在美国或中国这样的大国里，各省之间存在财富差异一样。这些差异不是因为各国之间人民的勤劳程度不同，或是当地工业政策、地区社会福利政策的管理不当。其根源在于各国国情差异，发展潜力、土地肥沃程度、自然资源分布、交通便利程度、海拔、教育水平与社会福利水平等种种差异。即便采用同样的税收措施，政府税收收入也会各不相同。在这种情况下可以进行适度的收入分摊。当年《德国基本法》提出"在联邦政府内实现均衡的生活水平"，也是想要进行税务收入分摊。

当前还不能立即在欧元区开展这样的措施，目前欧元区还不是联邦性质，各国经济政策管理仍是十八个成员国政府及其地方政府各行其道。但是采取一些初步的措施并非不可能。

随着税收统一，也就是说税率与税基的协调，各个成员国将产生不同的税务收入："富有"的国家比"贫穷"的国家征得更多税款。可以在这些国家之间进行税务收入转移，使得收入较低的国家也可以获得约等于其税收收入与其人口数量成正比情况下所可能获得税务收入的起码 75％。

这种财政团结举措必须慎而又慎，但它体现了经济与货币同盟的意义。联邦制国家采取的替代解决办法，是由中央政府负责教育、交通基础设施、医疗设施等领域的公共支出。通过这种方式，也可以均衡富裕省份与贫困省份之间的税收收入。

在欧罗巴经济与货币同盟当中，这一类的支出都属于成员国本国管辖范围。最好可能还是实施财政互助，目的不是为了填补财政管理不当的成员国的赤字，而是实现同盟内部均衡的生活条件。

第十章　路线

欧罗巴的体制结构和执委会

在欧洲一体化道路上如果想要迈入新的阶段，做法必须简洁，并且面向公众。

这做法并不涉及现有的管理欧盟二十八国的各个机构，它们并不以更深入的一体化为使命。我们没有必要过度担心令人沮丧的欧盟选举的结果。在欧洲金融危机之下，欧盟各机构并没有能够有效地化解危机，民众由此而产生的失望情绪在这次选举结果中得到了充分体现。

欧罗巴这一庞大计划是一项全新的行动，旨在打造一个全新的格局。正如罗伯特·舒曼当年提议的"避免潜在的战争威胁"，这个计划目的在于让欧洲有能力参与未来的全球竞争：在这片流淌着塞纳河、莱茵河和多瑙河的土地上建立一个足以与二十一世纪经济强国分庭抗礼的强大经济体。这个宏大的目标，具体到个人层面来看，对于一部分人来讲意味着就业和生活水平的提高，对于另一部分人而言则意味着欧洲文明的文化和人文主义影响力得以发扬光大。

"完成欧元区的经济和货币一体化，从而使其成为二十一世纪的强大经济体。"我们提出的这个目标，无论是对达官显贵还是对普通老百姓而言都是清晰易懂、一目了然的。

谁能够、谁又应当提出这个建议？自然是那些政治领导人，即欧元区的国家和政府首脑，特别是六个创始国①的首脑，毕竟欧罗巴计划与这些伟大的缔造者

① 德国、法国、意大利、荷兰、比利时和卢森堡。——原注

所开创的前景一脉相承，当然同样还有那些希望加入到他们中间来呼吁实现欧洲统一的政治领导人。

这种呼吁很显然仅针对那些下定决心迈入欧洲一体化新阶段的国家。说得更明白些，就是那些愿意接受欧洲统一货币的国家。一方面这些国家愿意为经济一体化添砖加瓦，另一方面其经济和社会发展到了相当的水平，具备可靠的法律体系，这些条件使得实现欧罗巴的目标成为可能①。

可以设想一下，欧盟创始成员国的六位国家和政府首脑可能会采纳如下文本，向欧元区的同事们释放出这样的信息：

---

① 让我们来回顾一下都有哪些国家：六个创始国——德国、法国、意大利、荷兰、比利时和卢森堡——西班牙、葡萄牙、奥地利也会加入进来，波兰会在适当的时候加入。爱尔兰有志成为其中一员，但是它会因其对非常特殊的税收制度的执著以及由全面公投作出决定的复杂性而被阻挡在外。芬兰也会加入这个机构。由此我们看到《马斯特里赫特条约》签订时欧洲十二国的规模。——原注

"随着二十一世纪的到来，我们进入了一个新的世界。人口的激增催生了新兴强国的出现。科技创新撼动传统、打破了竞争格局。与此同时，一些邻近的国家希望通过新的团结方式来相互扶持。一些欧洲国家决定使用共同货币，也是出于这样的目的。至今尚未散去的危机的阴霾表明，当前的欧盟机制并不尽如人意，需要深入一体化来进行补充。

"因此我们提议建立一个货币、预算和税收联盟，它可以体现出希望加入这个联盟的欧元区各国之间的团结一致。在这个区域内，除了本地税收之外，货币、预算和税收等各项因素将是一致的，以便令这里的老百姓可以享受自由和均衡的市场经济。

"希望你们可以加入这一计划，让本国人民从中受益，享受更好的就业、教育、科技进步和加强社会保障的机遇。"

"我们将很高兴与你们一起讨论这个问题，并建议各国成立一个最多五个人的轻便灵活的管理机构来加入我们、共同讨论迈入一体化新阶段的方式，届时欧元区会成为一个适应当今时代需求的民族国家联邦。"

*

* *

应这份虚拟的邀请，会议将在斯特拉斯堡召开。为什么选择斯特拉斯堡？因为这座城市拥有必要的设施。况且目前在民众看来，拥有二十八国的欧盟的工作和欧元区的工作之间是混淆不清的，所以选址在斯特拉斯堡也有助于让民众更好地明白二者的区别。二十八国欧盟的中心依旧在布鲁塞尔，各个机构依然保留在那里，而斯特拉斯堡和法兰克福则将会一起成为欧罗巴的核心区域。

在欧罗巴欧元区执委会首次会议期间，其成员将讨论组织和运行问题，以及任命欧元区执委会秘书长这个不可规避的话题。这么重要的问题居然拖延了这么久！后文会再次谈到这个问题。当然还有两个问题需要处理：针对《马斯特里赫特条约》中有关国家财政整顿的义务所给出的答复，以及开始实施税收趋同。

要实现税收趋同，必须具备高度的专业技能以及足够的自由度，才能规避管理税收的政府部门一贯的"因循守旧"。筹备税收协调长期计划的任务将交给由税收部门总负责人组成的专门委员会，没有外界参与。他们的计划将会交由欧元区财长理事会审议，然后原封不动转交欧元区执委会，后者将根据其规则来决定趋同程序及其时间表。

为了在老百姓眼里以及在经贸界人士心目中提高该计划的可信度，税率协调最好在固定的日期实施，例如：在每年七月一日，将本国税率与"目标税率"之间的差

距减小十五分之一，从二〇一五年——该行动的第一个
年头就开始实施。民众将因此重获信心，这是实现经济
增长的重要心理因素之一。如果一项税收仅在一个成员
国存在，比如法国的财富税，那么这个税种最终将会被
取消。最恰当的调整方式是：将目前定为每年1.5％的最
高税率每年下调一个百分点。这会避免造成预算调整过
大，同时也明确表明了今后追求的目标。

　　我们来看一下欧罗巴的组织结构。评论家脑海中首
先浮现的都是十八世纪法国哲学家和法学家以及美国革
命家设计的传统方案：行政机构、立法机构和司法机构，
各自自由行使《宪法》所赋予的权力。然而让·莫奈所
设想的用于管理煤钢联营的体系则有些许不同：决定权
始终保留在理事会手中，但是由于很难设想出一个能够
专门用于商议煤钢事宜的议会，"建议"权交给了一个专
门委员会。一个仅具备协商职能的议会作为补充。

然而事态的发展让这些事情发生变化。从煤钢联营过渡到《罗马条约》"共同市场"的过程改变了这些机构的角色。

部长理事会最初由各国外交部长组成，由于会议召开得过于频繁，以及探讨的议题过于繁琐，各国外长渐渐敬而远之，只委派副手去参加会议，从而削弱了部长理事会的政治影响力。

欧盟委员会则通过巧妙地诠释《罗马条约》中模棱两可的两项条款，始终力求扩大其行动领域，并干预其所建议的政策实施。委员会梦想逐步成为"欧洲的政府"。这一前景令布鲁塞尔的欧盟机构欣喜若狂，它们感到自己即将掌握最高权力。不幸的是，这种观点并不现实，因为《罗马条约》赋予部长理事会"决定权"。而欧盟委员会，其成员往往是在隐秘的商谈后由各国政府任命，并不具备民主合法性，而且除了个别显著的特例之外，也不具有必要的治理能力。

一九七四年欧洲理事会的成立中止了这种倾向，最终的管理权被交到欧洲理事会手中，理事会此时已升级为国家和政府首脑级别的会议。

这种变化带来了如下后果：欧洲理事会与各国政府的权限分隔开来，扩大后的欧盟委员会介于两者之间。欧洲理事会试图向成员国政府强加自己的观点——这样做往往超出了数部条约所列出的权限——于是各国政府部门纷纷产生抵触心理，助长了反欧盟情绪。

欧罗巴的管理过程中应当避免走这种漫长的弯路。我们试图建立的是一个"民族国家联邦"，每个成员保留各自身份，但是欧罗巴会对共同事物加以管理，那么就没有必要在欧罗巴执委会与各个成员国的中央政府之间，建立一个庞大的横向管理部门。实际上，各个成员国的中央政府对执委会提出的问题做好准备并给出回答，由执委会做出最终决定。一个依据二十世纪五十年代欧洲经济合作组织所使用的模式建立的总秘书处就足以完成这项任务。

欧罗巴秘书长的任命将是首先要做出的决定。很难解释为什么在这些年来的危机中，欧元区内部竟然没有商讨过这个问题！

成为欧罗巴执委会（"执委会"这个名称是为了方便与布鲁塞尔那些充斥着理事会的机构进行区别）的欧元区理事会将决定会议频率。最好是在固定日期召开，例如每个月的第一个星期四。实际上各国政府每周都会一起开会。欧元区因其规模以及其内部问题（增长和就业）和外部问题（汇率，特别是银行监管）之重要性，需要定期交换意见，以避开过于频繁的首脑"峰会"，并为舆论和决策者提供更准确的导向。

执委会将选举出一位主席和一位副主席，其中一人，根据其应当具备的资历，从大国中选出，另一人来自中小国家。主席将卸去在本国的职务，任期为四年，可连任一次。

执委会的管理应当是一种团队工作，旨在确保所有成员国的共同利益，而非各国本国利益之间的一种对抗，单纯考虑本国利益的时代已经过去。

这将体现在借鉴双重多数原则的决策机制上。否决权将被取消，如果获得一定数量成员国的赞成，且这些成员国人口占参与国人口足够多数（60％），那么该决议将获得支持，还要确定赞成这个决定的国家数量比，以便考虑到小国的存在，避免让它们感到被边缘化。

*
*   *

上面提到的这些事项都不需要进行新的条约谈判：会议召开频率、主席选举、秘书长任命、对预算平衡的一致性所做的观察、筹备税制趋同的机构的设立……所有这些都是各个政府的权限并可以由它们来决定。它们可以商定一个"经济一体化宪章"并提交各自的议会。

条约程序具有种种弊端，就像在《里斯本条约》谈判过程中已经证实的那样。晦涩的法律表述冲淡了政治目标。辩论沦为各方的诡辩和相互撕扯。最终的文本晦涩难懂，老百姓根本无法理解。此外，外交谈判的方式也令各国重新竖起本国利益的大旗，因为外交功能的本质就是捍卫各国国家利益。

长期目标——"通过欧罗巴成员国的经济和货币一

162

体化催生出一个强大经济体"——的确定要求一种姿态的改变，我们甚至可以说是一种"文化"。不能再为了和合作伙伴较劲而对其侧目而视，要转向前方远处的共同目标，才能一同抵达目的地。

如果法律细则在某个特定方面显得必要的话，它们可以被纳入某个条约，但仅限于这一个问题。

第十一章　权力和欧洲人民

为了使这个庞大的计划取得成功，在我们看来，必须对其进行清晰的描述，来介绍如何为这个计划制订路线，以及欧洲人民如何参与到发展中。

我们将走向哪种形式的权力？答案由体系的名称本身给出：一个民族国家联邦，保留各自身份，并按联邦形式管理这些民族和国家授予它的权限。

经济上和货币上一体化的欧罗巴，正好在这个定义的范畴之内。

公众舆论对这个计划有明确的认识并认同它，这将是非常重要的。这将使其避免踏入那些为了不承认反欧洲而自称对欧洲一体化持怀疑态度的人不断布下的陷阱。这些陷阱中的第一个就是：断言欧洲一体化将剥夺每个公民国家身份认同的构成。而与之相反的是，每位公民在其国家身份认同上还将加入欧洲身份认同。

只需再读一下定义就足够了："这些民族和国家授予它的权限"。在经济与货币联盟内，绝不涉及分配健康、教育、住房、公共安全、社会保障、文化以及总而言之使我们的生活方式具有特性的所有方面的权限。

重要的是，要让公民意识到这些目标，相信福祉属于一个强大、繁荣和自由的整体，而不是萎靡于一个个分散的、注定不可避免地衰落的组织中。况且，这就是发生在我们——赫尔穆特和我自己身上的事情，在内心深处，我们始终是德国人和法国人，可是当我们在美国或者中国相遇时，我们会感到自己是欧洲人。

为了让欧洲人民将自己视为这个计划的合作者，仅仅征求他们的意见还不够，必须将他们联合起来。为此，应当让那些他们认为最直接代表他们且通常由政治领袖组成的机构也参与其中，也就是各国的议会。

在欧洲诞生时的礼物篮里有一件珍宝，那就是民主的创造。

这件珍宝如今受到重创。从最初设想到十八世纪加以完善，它的目的在于使人民能够自主选择最适合引领他们的领袖。它曾目标高远。如今，在个人利己主义和消费型社会发展出的贪婪欲望的影响下，它经历了突变，民主体制向下层翻转：如今它力求任命的那些人，被认为将会尽力为个人需求服务，而不关心共同的利益。

即使受到重创，民主实践依然是令人民和权力得以沟通的唯一工具，它因此应当存在于欧罗巴的运转之中，并从中寻回它的真正本质，不是制定复杂的解决方案，而是让权力的各种行为接受讨论和评判。为此，应当召开"欧罗巴人民代表大会"。

这个代表大会将根据相同的代表统计表格，三分之一是在欧罗巴选出的欧洲议会议员，三分之二是各国国会议员。代表大会将利用斯特拉斯堡现有的设施，每年在固定日期召开，以便听取执委会主席对欧罗巴现状及其一体化进展的报告。其辩论将公开透明，并且由于成员包含各国政治领袖，辩论将被媒体广泛报道，因此这有助于当前极其缺乏的"欧洲政治社会"的产生。

可以设想在实验期过后，向其移交选举执委会主席和副主席的权力，主席和副主席将辞去各自在本国所担任的职务。

我们可以相信议员们具有以最佳方式组织人民代表大会工作的聪明才智。

*
* *

有耐心读完这本书的读者可能会认为这些建议应当

更加详细地加以说明，但是我们希望由国家和政府首脑构成的执委会提供适当的答复。

我们只强调一个要点：我们所建议的一体化阶段不应使欧洲精神"局限"在专门的机构内，正相反，各国相关的各级政府部门及其议会本身都应当被这种精神所渗透，从而成为一体化的参与者。

这本书的目的不是成为一本公法手册，而是一种尝试，激励读者去书写未来的历史，并睁大双眼，朝着这个方向前进。

结语

赫尔穆特·施密特和我本人都期待这个结语部分成为一个新时代的开篇。

之所以这样做并非出于一体化狂热,我们也不敢自诩在欧罗巴一体化进程的终极阶段发挥任何个人作用。

赫尔穆特和我刚参加工作的时候都是去打仗,他效力于德意志国防军,我效力于盟军部队,之后我们又都很幸运地参与一个新的历史进程,让曾经血洗欧洲的战争乌云远离这片土地。

今天的欧洲是一片四分五裂的脆弱大陆。在职业生涯中我们有幸见识了美国与中国等超级大国,它们既是今天也是未来的超级大国。要想争取和这样的巨人比肩，唯一的办法就是欧洲的一体化。

本书力求扫清荆棘，引导欧洲走向更深的一体化。道路就在眼前，沿着它前行并非难事。

如果人们穿越时光隧道来到二〇三〇年的欧洲，将会看到一片与今天四分五裂、国家之间相与争锋完全不同的景象：那是一片广袤、和平与自由的土地，人们可以在那里大展身手、自在生活，感受人类历史上最丰富、最动人的欧陆文明的魅力。

要实现这一点并不太难。假如赫尔穆特和我能年轻三十岁的话，我们会全身心地投入这一事业当中。胸怀热切的梦想，我们仿佛周身充满了力量，相信能够将欧洲从"二战"风云领入那统一与繁荣的明天。

然而时光荏苒，历史的火炬已经传递到更有创新能力的年轻世代的手中。

我们由此看到了欧洲一体化的未来，就像当年温斯顿·丘吉尔所预见的欧洲未来版图那样。

欧洲的命运分为三个阶段。

第一个阶段从"二战"结束到一九九〇年：战争所带来的苦难令欧洲大陆两大领头国家法国与德国的领导人寻求并实现了和解，并构想欧洲共同的未来。

第二阶段是消费经济时代。其间没有明确的参照物，没有高瞻远瞩的领袖，整个体系陷入泥潭，公众舆论也陷入失望。这一时期欧盟二十八国的目标和欧元区进一步整合的目标发生混淆。该阶段的时间是一九九〇年至二〇一五年。

第三阶段将是新生代领导人的时代，他们更加积极、创新，更加团结，已经开始进入民众的视线。

我们寄希望于这些新生代领导人来实现欧罗巴的梦想！

这个计划属于我们。如果想实现它，必须摒弃各种消极的想法，比如各类政治偏见、自私的个人主义、对改变的恐惧……必须相信你们拥有建立二十一世纪伟大文明的希望，以及它赋予你们的伟大力量。这一力量源自我们欧洲历史的长河。

请你们一定要成功。

图书在版编目（CIP）数据

欧罗巴计划/（法）瓦莱里·吉斯卡尔·德斯坦著；
石露译. —上海：上海译文出版社，2019.12
ISBN 978 - 7 - 5327 - 8170 - 6

Ⅰ.①欧⋯ Ⅱ.①瓦⋯ ②石⋯ Ⅲ.①欧洲联盟—
研究 Ⅳ.①D814.1

中国版本图书馆 CIP 数据核字（2019）第 219921 号

Valéry Giscard d'Estaing
Europa：la dernière chance de l'Europe
Copyright © XO Editions 2014

图字：09 - 2015 - 464 号

欧罗巴计划	[法] 瓦莱里·吉斯卡尔·德斯坦 著	出版统筹 赵武平
Europa：la dernière chance de l'Europe	石 露 译	责任编辑 缪伶超
		装帧设计 宋 涛

上海译文出版社有限公司出版、发行

网址：www.yiwen.com.cn

200001 上海福建中路 193 号

苏州市越洋印刷有限公司印刷

开本 787×1092 1/32 印张 6.5 插页 6 字数 49，000
2020 年 4 月第 1 版 2020 年 4 月第 1 次印刷

ISBN 978 - 7 - 5327 - 8170 - 6/D · 124
定价：52.00 元